陈桂芝◎编著

致真于行

大连市福佳中学
教育管理践行录

ZHI ZHEN YU XING

DALIANSHI FU JIA ZHONGXUE
JIAOYU GUANLI JIANXINGLU

吉林人民出版社

图书在版编目（CIP）数据

致真于行：大连市福佳中学教育管理践行录 / 陈桂
芝编著. -- 长春：吉林人民出版社, 2020.8（2024.1重印）
ISBN 978-7-206-17491-9

Ⅰ.①致… Ⅱ.①陈… Ⅲ.①中学—学校管理—研究
—大连 Ⅳ.①G637

中国版本图书馆CIP数据核字（2020）第161340号

责任编辑：赵梁爽
封面设计：听　卉

致真于行——大连市福佳中学教育管理践行录
ZHI ZHEN YU XING——DALIANSHI FU JIA ZHONGXUE JIAOYU GUANLI JIANXINGLU

编　　著：陈桂芝
出版发行：吉林人民出版社（长春市人民大街7548号　邮政编码：130022）
咨询电话：0431-85378026
印　　刷：北京一鑫印务有限责任公司
开　　本：787mm×1092mm　　　　1/16
印　　张：12.5　　　　　　字　　数：200千字
标准书号：ISBN 978-7-206-17491-9
版　　次：2020年8月第1版　　　印　　次：2024年1月第2次印刷
定　　价：42.00元

作者的话

大连福佳中学始建于1968年，曾隶属辽宁省大连海洋渔业公司，称海渔中学；2001年6月与企业剥离，更名为金湾中学；2012年9月迁到福佳新城居家东园23号，更名为大连福佳中学。现在，学校占地面积25 200平方米，建筑面积20 000平方米，绿地面积1 080平方米，24个教室实现了班班通，各专业教室齐备并设施齐全。现代、大气、优雅、卓越的办学条件为学校的内涵及特色发展提供了有力保障。

多年来，学校以"德育为先，能力为重，协同发展"为办学理念，坚持科研兴校的发展策略，以校本研修为依托，通过对"校本课程开发与建设""国课校本化"以及"德育课程校本化"和"减轻学生课业负担、提高教学质量"等课题研究的继承与创新，有力促进了学校的内涵发展，初步形成了"德育课程化"的办学特色。

学校努力研究教育教学规律，为达成"培养品德优秀、习惯良好、特长突出的中学生"的办学目标，按照"党建带队建"的要求，构建和实施"1-2-5-6-1-1"师能建设体系，即围绕1个培养目标，通过2个课题牵动，借助教案格式和校本课堂教学评价标准，将5个研究专题通过6个队伍建设分层落实在学校管理和课堂教学之中；践行1个办学理念，落实1个办学宗旨。整合了学校的教育教学工作，使得科研扎实推进，同时将课题管理与工作目标相结合，从而保证学校教育教学工作的规范化和科学化。

学校按照上级的工作部署，结合本校实际，励精图治，以和谐蓄内力，以真诚求外力，走"蓄内力"和"借外力"相融合的发展之路。审时度势，明确校本科研的方向，规范和实化校本科研的过程，逐渐形成了"课程化教育"的办学特色。经过多年的艰苦积淀，科研效果逐渐显现，教育教学质量呈上升趋势。我们根据唯物辩证法基本原理，把握教育规律，坚持"用德育这个核心统筹学校一切工作"的思路十几年不变，在不变中寻求新的着力点：从研究教师到研究学生到研究家长。一步一个脚印扎实走过，一张蓝图绘到底，保持定力、持续加力，坚定不移抓下去。我们用耐心和执着精心孵化教育科研，并努力使之"化蛹成蝶"。学校连续多年获得大连市甘井子区最佳教学管理奖，教育质量稳步提高。2011年开始的德育课程化研究，于2011年12月获得教育部颁发的德育优秀案例奖、辽宁省思想道德建设示范学校，先后荣获大连市德育先进学校、大连市校本研修点校、大连市教育科研基地、大连市特色目录学校、大连市初中教学管理先进单位等荣誉称号。

《致真于行》一书，是本人任学校副校长和校长兼党支部书记期间的一些思考和实践体会，文章有着不同时期的烙印，如有的文章里提的是"金湾中学"，有的文章提的是"福佳中学"等。不妥之处，希望专家和同行批评指正。

学校的稳步发展，离不开上级行政领导的关怀，离不开上级业务部门的扶持，离不开学校全体师生的共同努力，也离不开诸如吴隆维先生、常维媛先生等教育专家的倾心指导。在此表示衷心的感谢！

陈桂芝

2020年2月1日

序　言

　　大连福佳中学在认真总结办学经验的基础上，出版了《致真于行》这本书，把一所基础薄弱的学校逐步发展成一所小有名气的学校所经历的"路径"，清晰地展现在了教育人面前。这条路径会引发致力于为教育的改变甘愿付出的人的深思、感慨、赞叹、升华！

　　陈桂芝校长让我给这本书写个序言，我实在是诚惶诚恐，但是，福佳中学的发展过程，有些事我也和他们共同经历过，算是个见证人吧。福佳教育人的博大教育情怀、高屋建瓴的视野、孜孜不倦的求索精神、不计名利脚踏实地的实干作风，都深深地感染着我，促使我身不由己地搜索起记忆。

　　从《致真于行》这本书的名称中，我理解，福佳教育人追求的是"真"和"行"。这里的"真"，是指他们努力追求教育的真谛，"行"即落实行动。连在一起，表达的是他们要在正确的教育轨道上坚定地前行！回忆他们所走过的路程，亦确实如此。从本书中您可以发现，福佳教育人办教育，有四个特点，即方向明、目标清、核心准、行动实。

　　1. 方向明。福佳教育人始终和党中央保持一致，把握社会主义办教育的方向，明确自己的工作是为社会主义事业培养建设者和接班人做奠基性的工作。

　　2. 目标清。福佳教育人非常清楚，教育的总目标就是培养社会主义事业的建设者和接班人。他们更进一步明确工作目标：一切教育工作，都必须为学生形成正确的"三观"奠基。即便是在关于"核心素养"的种种时髦观点风靡的时候，福佳教育人也坚定高喊"学生的核心素养是正确的三观"！这足可见他们教育目标明确，他们对党的教育事业的忠诚与执着从未动摇过！

　　3. 核心准。福佳教育人在明确了教育方向和培养目标的基础上，孜孜不倦地探索实施各个分项教育目标的有效途径，他们运用抓"核心要素"的思维，把思维点聚焦在"课程上"。他们和请来的专家一起，经过缜密的构思，确定出了"国家课程校本化""德育工作课程化""教育途径协同化""内容·途径择优化"等优化课程体系，优化教育途径的整体教育实施方略。这个"方略"内涵的观点是，教育实施的核心是"课程"，课程的核心是"德育"，这样的定位对达成福佳中学确定的育人目标是非常准确的。

4．行动实。福佳教育人在教育的实践中，牢记教育方针要求，要使全体学生在德、智、体、美、劳诸方面得到全面发展。他们以马克思主义教育哲学为教育的基础理论，运用教育转化的正确教育观指导行动，兼顾优差两端，带动中间，不放弃一个，用实际行动落实"两全"教育方向。他们所确定的每一个教育点，都实实在在地在教育过程中落地、生根、开花、结果。

他们的努力是刻苦的，他们走的道路是艰辛的，他们取得的成就是显著的。虽然他们的工作还有不足，但是福佳中学已是教育百花丛中一朵绚丽的鲜花。只要福佳教育人继续努力，他们会持久散发出沁人心脾的清香！

常维媛

2020年2月20日

目　　录

第一章　和谐人文的学校管理

重视学校文化建设，努力促进学校发展

办学就是办文化。一所好学校，在于学校灵魂的打造，在于学校精神的内化，在于学校文化的引领。学校文化是一个学校的灵魂，是学校持续发展的生命源泉，是学校发展的精神动力。因此，我校多年来重视学校文化建设，努力促进学校发展。

一、对学校文化建设的思考

学校文化指的是学校办学过程中涉及精神创造活动及其成果的所有内容，包括了学校中所有的软硬件。学校文化是学校所具有的特定的精神环境和文化氛围，是以核心价值观为主导的学校精神、风气、制度、行为和环境等要素的集合体，是学校办学实践中的教育观念、办学品位和特色追求的积累与总和，是学校发展的重要战略和必然选择。文化与教育息息相关：抛开文化，无法理解教育；抛开教育，文化也无法存在与发展。

校园文化是学生群体赖以求学、生活、社交的环境，它是以文化形态参与的非强制性教育手段，其特点是通过创造一种教育的环境，影响教育的效果，以不知不觉的、潜移默化的情感陶冶、思想感化、行为养成的方式，达到教育的目的。学校里的任何一种教育手段，都只能部分地完成部分的教育任务，要最充分地发展和提高学生的各方面素质，必须在整个教育过程中充分运用各有所长的教育手段，并使之构成一个相互配合、互为补充的教育系统。

现代学校文化建设是学校建设的重要组成部分，是整合教育资源、实施素质教育的突破口和制高点，是学校深层次、高品位的建设。说它是深层次的，是因为它不仅涉及人的行为，而且从价值观这个深的层面引导人、塑造人，使人学会正确处理自我与他人、与自然、与民族、与国家的关系，从而学会怎样做人。说它是高品位的，因为它是智能发展的超越，不局限于具体地规范人的行为，而是以高尚的民族精神培育人，促使人形成健全的人格，提高人文素养，熔铸民族的生命力、创造力、凝聚力。文化是行为的精神支柱，学校文化是学校精神和物质的最终积淀，是学校全体师生共同的价值追求和行为准则。冯骥才说："文化承担的责任就是使人们精神幸福。如果把教育比作一个坐标系的话，教育质量代表教育的效度，多元课程代表育人的厚度，学校文化则代表教育的高度。"

一所学校的成长，更多的是取决于"学校精神"的塑造。物质文化建设、精神文化建设和制度文化建设这三个方面建设的全面、协调发展，将为学校树立起完整的文化形象。温馨和谐、开放自然、平等民主的文化氛围和生态良好的校园环境，让学校从物质环境到人文精神，都能体现对师生身心健康的关怀和关照。

"只有优秀的学校文化才能孕育出优秀的学校教育"这一观点，已得到全社会广泛的认同，而学校文化力的构建也日益成为学校核心竞争力建设的重要组成部分。一所学校，即便是拥有良好的文化元素，也并不等于它就一定拥有良好的文化力。只有学校成员能创造性地、有效地开展学校文化建设，使学校形成良好的文化精神，才能够促进学校文化品位的提升和发展目标的达成。学校文化是衡量学校办学水平的重要尺度，是学校持续发展的基石，是以核心价值观为主导的学校精神、风气、制度、行为和环境等要素的集合体，是学校办学实践中的教育观念、办学品位和特色追求的积累与总和，是学校发展的重要战略和必然选择。

于漪老师认为："学校文化是学校的灵魂，是凝聚全校师生的黏合剂，是学校发展活力的源泉。"学校文化是学校精神和物质的最终积淀，是学校全体师生共同的价值追求和行为准则。学校文化一旦被创造出来，就会发挥引导、规范、激励全体师生的重要作用。文化如果已经融入人们的血液中，它就是无坚不摧的力量。学校管理的最高境界是文化管理。"一流学校靠文化，二流学校靠制度，三流学校靠校长"，说的就是这个道理。

二、营造和谐共进校园文化的点滴做法

一所学校的文化建设对学校教育教学质量的提高有着潜移默化的影响，重视学校的文化建设是提高教育教学质量的必须之举。反思我校的文化建设工作，有如下的收获：

（一）**校长和教师分享权力。在我校，校长和教师分享领导权力最明显的体现就是在学校内部建立"课程领导共同体"，培养领导型教师，实行领导分权。**

我任副校长期间，我们学校张晓力校长是一名典型的学者型领导，他首先明确校长是教师，是学校内从事教育工作的教师，而不是机关中从事其他工作的行政人员。正是有了这样一个前提，张校长在我们学校的办学特色——多元协同课程体系中扮演了以下几个角色：办学理念的追寻及实践者；成员的领航及合作者；创意的推动及支持者；资源的整合及经营者；人际的沟通及协调者；成效的回馈及监督者。

明确了自己的角色，然后在全校建立"课程领导，人人有责"的大环境，着重培养一批具有高素质的带头教师（如中层干部、市区校级骨干、教研组长等），正是这种文化使我们学校的教师能主动把学校的课程建设当成自己的事，人人都为学校课程的变革尽责，而不是把它当成校长一个人的责任而应付塞责。

（二）**校长态度开放，愿意接纳他人意见，在校内能提供专业意见以支持各方面工作发展。**

由于校长将自己定位为学校发展的领航者而不是机关中的行政人员，所以在学校形成了"学校是每个人的，学校的发展和教师个人的发展息息相关"的理念。为了这个具有共同愿景和共同利益的学校，每位教师都能主动参与到学校问题的提出和解决中。每年的教工提案，教师们总能坦诚地提出自己最关心的问题，而且这些问题也往往不是从个人利益出发的，是关系到学校的利益的。教师在和校长谈话时，也敢于把自己最真实的想法提出来，哪怕这些想法有的时候是片面的和不成熟的。我们学校现在用的教学设计模板就是出自我们的数学教研组长之手，因为一线教师最清楚

怎样的设计操作最恰当，而他们也愿意把自己的想法提出来让全校分享。而当自己的意见和学校整体利益发生冲突时，教师又往往会从大局出发，服从学校的长远利益。

（三）教师们态度开放，愿意学习和改进，有较强的团队精神；教师常坦诚商讨问题，提出意见，达成共识。我们学校的教师从个体上讲很多达不到高素质的要求，有的教师能力偏于中下，但是我们长期以来的熏陶使我们的教师在一点上做得很好，那就是团队精神。

我们有严格的集体备课制度，有明确的教研活动制度，也有三个以"打团体仗"为精神核心的年级组。这些基本的教育教学单位，都共同强调了集体智慧的发挥，摒弃小团体，摒弃单打独斗，将大家的智慧凝结成一种"1+1>2"的集体效应，这样就使我们这所师资力量本来不强的学校在这些年做出了很多让外界认可的成绩。

（四）教职工有共同的愿景，有清晰的目标和崇高的使命感，成员互相信任，敢于尝试创新。

这几年，由于领导的正确办学理念指引，加上教师的共同努力，我们学校的德育和校本研修等方面已经在市区形成了一定的影响力，这极大地激发了教师的集体荣誉感和自豪感。以前走出去说自己是金湾中学的，人家要问："金湾中学在哪啊？没听过。"现在一说自己是金湾中学的，别人会不由地赞叹："你们学校××做得好啊。"做得好，得到了认可，教师更积极地去做，并不断去寻求新的亮点，如此形成良性循环，使全校上下在保持原有成就的基础上不断创新，不断为学校的发展注入新鲜思维和活力。

（五）学校与外界机构接触多，工作得到社区的支持和认同，并与家长和社区建立良好关系。

这几年由于全校教师的共同努力，无论在教学上还是在学生教育上，都逐渐得到了家长更大的认可。这样的效应使本来生存困难的薄弱学校有了起色，这些年我们学校生源逐步扩大，学校的人气更足了，这让所有的教师也更加鼓足干劲，为学校的发展贡献更大的力量。

由于我们有着明确的办学理念和方向，注重一点一滴地积淀和谐人文的学校文化，所以学校的办学质量越来越好，社会的认可度逐步提高。

点·线·面·体 构建学校管理立体结构

——谈办学理念在教育教学管理中的落实

唯物辩证法中关于内因与外因辩证关系的原理强调：内因是事物发展的根据，外因是事物发展的条件，外因通过内因起作用。这一原理指导我们工作的方法是：要重视内因对事物变化发展的决定作用，从根本的内在出发找实质因素；也要看到外部环境的影响作用，要积极主动地为事物发展营造良好的外部环境。

于教育而言，课程（教材）、教师、学校、家庭、社会等因素都属于外因，是学生发展的条件。我们通过课程整合、研究教师三项能力的提高、家风营建、家长学校建设等，积极努力地为学生发展提供优质的外部成长条件，促进学生德、智、体、美、劳的全面发展。

唯物辩证法中关于主要矛盾和次要矛盾辩证关系的原理强调：在复杂事物的发展过程中，存在许多矛盾，其中必有一种矛盾的存在和发展，决定着或影响着其他矛盾的存在和发展，这种矛盾叫主要矛盾。其他处于从属地位、对事物发展不起决定作用的叫次要矛盾。主次矛盾相互依赖、相互影响，并在一定条件下相互转化。这一原理指导我们的工作方法是：做事情既要善于抓住重点，集中力量解决主要矛盾，又要学会统筹兼顾，恰当处理次要矛盾。

我们提倡五育并举，但是依据主次矛盾的关系原理，影响学生发展的主要矛盾是五育中的"德"，因为只有学生品德发展达到最优，他才能有意识地、主动地利用外在条件发展自己的其他素质。因此，学校只有把德育工作放在首位，才能使学生前进有动力、发展有方向、成才有保障。

2010年中共中央、国务院印发的《国家中长期教育改革和发展规划纲要（2010—2020年）》把"育人为本"作为教育的根本任务，我们结合学校的实际，提出"德育为先，能力为重，协同发展"办学理念。围绕办学理念，设计学校管理工作体系，即以"育德"为立足点，设计

"1-2366-1-1"管理线：确定1个"培养品德优秀、习惯良好、特长突出的中学生"为育人目标，构建2个协同课程体系为载体，通过3个课题牵动，并将课题分解成6个校本研究专题，借教案格式设计和校本课堂教学评价标准引导，以课堂教学为突破口，通过6支队伍建设，分层落实在课堂教学和学校管理之中，践行1个"德育为先，能力为重，协同发展"的办学理念，落实1个"为学生终生发展奠基"的办学宗旨。

其中"2366"是工作落实的路"线"，将其每一项工作展开成"面"，"面面相关"，形成学校教育教学管理的立"体"结构。具体如下：

一、构建2个课程体系为载体，使办学理念落实有"根"

课程是贯彻落实党的教育方针和教育思想的载体，是国家意志的体现，是立德树人、实现教育目标的根本途径。为了更好地发挥课程作用，国家的课程体系设置为三级课程，即国家课程、地方课程、校本课程。其中国家课程居于核心和主导地位，地方课程和校本课程是对国家课程的补充和完善。

根据国家和省市的文件精神，我校以满足"学生全面发展和个性发展"的需求为中心，将国家课程与地方课程进行整合化处理，并与校本课程整合，构建"内容全而不繁，育人功能协同"的"三级课程体系"。

在"校本德育课程协同，促进学生健康发展"的课题研究中，遵循中学生的身心发展、素质养成等规律，构建校本德育课程协同体系，即将三级课程整合，从德育的角度，构建德育三类课程：德育活动课程是指通过活动主题与活动方式的有机结合，使学生在体验德育知识的同时，实现其由"内化"到"外显"的过程；德育渗透课程是指除思想品德课以外的其他课程，主要以学科知识为载体，进行相关的德育渗透。德育学科课程是指道德与法治课，以传授德育知识为主。

该体系从不同角度实施德育，并通过课评、日评、周评、月评、学期评的评价体系落实，促进德育效果的提高。

二、确定3个研究课题为牵动，使办学理念落实有"序"

（一）构建阶段连续德育课程体系，促进学生品行的有序发展

在"十二五"德育课程研究基础上，"十三五"进行了"过程连续德育课程体系的构建与实施"市级课题研究。通过"入校课程、进阶课程、离校课程"的阶段德育课程研究、设计与实施，引导学生对不同阶段的德行发展有客观的认识，扬长避短，逐步达到能动的自我控制，利用好身边的榜样力量，有针对性地对家长进行同步培训，落实了初中德育贴近学生、贴近实际、贴近生活的原则，既满足了德育工作反复性的要求，解决了德育工作针对性的需要，促进各层次的学生由积极的社会适应、自觉的意识统一向能动的自我控制的德育目标有序发展，也体现了德育工作螺旋式上升的发展规律，极大地提高了德育工作的有效性。

（二）构建"汉字育德"的实践体系，促进学生品行的个性发展

与"传统文化进校园"和"语言文字工作"的落实相结合，"十三五"期间申报"普通中学汉字育德的实践研究"市级立项课题，力求在初中阶段，通过强化汉字教育，增强对语言文字及其蕴含的传统文化价值的深刻理解和认同，在继承和弘扬民族精神的过程中不断提升班风、师风、家风和学生个人品德的建设水平。

将汉字作为教育载体，每个班主任精选一个汉字作为班级管理的核心思想，每个学生精选一个汉字作为自己的品德养成核心。在实施过程中，通过挖掘所选汉字的内涵和外延，构建汉字育德的溯源、读写、品鉴、导行、弘扬"五步法"框架体系，推动班主任和学生对所选汉字的深刻理解，进而形成一种价值追求。

通过研究，发挥学校教育的主导作用，在引导家长配合开展课题研究的基础上，使家长感受传统文化的意义，尝试探索培育优秀家庭文化的方法和渠道，对推动家风建设有巨大的影响。

通过指导教师开展研究实践，促进教师思考思想教育的有效性，探索教育个性，有利于教师形成教育风格，实现教师自身发展。

通过研究，丰富学校德育内容，完善学校德育体系，使德育工作更具

针对性，突出德育个性化。

（三）构建"乐学课堂"的课堂教学体系，促进综合素质的发展

课堂是落实立德树人根本任务的主渠道。"十三五"期间确定"打造乐学课堂的实践研究"，构建"热身促学，目标导学，导入领学，新授启学，合作助学，小结竞学"乐学课堂六环节，重点研究和落实每环节中的第三个字，着眼于学生的学习兴趣和思维发展，培养学生自主合作的品德习惯，打造高尚、本真、丰厚、灵动的高品质课堂，促进学生五育的协同发展。

三、分设6个研修专题为抓手，使办学理念落实有"法"

问题小，教师为难情绪少，研究才能透彻。我们分解3个课题为6个校本研修专题，即基于教学规律研究下的学科德育渗透、小组合作学习、知识微结构、课型、学科配题、乐学课堂要素等研究，通过教研组长的专业成长，促进组内教师的专业化发展，践行以德促智工作策略，进而促进学生其他各项素质的最大发展。

四、以6支队伍落实为途径，使办学理念落实有"效"

按照计划、组织、实施、检查、反馈、考核的管理程序，重点抓以下队伍：

（一）干部队伍——周报告制度

每周五干部例会，围绕研修重点、结合部门工作，进行反馈与布置（年部主任在间操召开年部会议传达），提供部门周表扬事例（大厅电视滚动播放）。通过身边令人感动的人及事的宣传，推动研究走向深入，并营建和谐向上的工作氛围。

（二）班主任队伍——月反馈及培训制度

围绕德育活动课、汉字育德、家风建设等反馈班风建设、学生品行培养等情况，通过相关的经验交流和培训，提升班主任的育人意识和育人能力。

（三）教研组长——月反馈及培训制度

把校本研修的6个专题分解到每月，进行一个专项研究，教研组长组织组内教师学习相关理论、课堂实践、同课异构、评课研讨等，提升组内教师的研究能力和教育教学水平。每月一次教研组长例会，学校听取教研组长的月工作总结，反馈各教研组的情况，布置下阶段的工作，保证学校研修工作有序进行。

（四）新上岗教师——周、月、学期反馈与培训制度

每周一次组内汇报课，每月一次教研组内汇报课，通过评课指导，熟练掌握乐学课堂六环节。

每月值周例会反馈。所有新上岗教师根据学科特点和党员身份等分给不同的值周任务，主要目的在于通过值周看看其他教师怎么干的，然后反思自己应该向谁看齐、怎么看齐。

每学期一次座谈。围绕汉字育德、全员育人方案落实、福佳中学好教师标准落实等谈自己的优势、不足及下步打算。

（五）骨干教师——月名师讲堂制度

骨干教师着重在经验辐射上下功夫。围绕研修的6个专题，10名区市骨干教师找自己的特色和亮点，公示讲堂时间，青年教师根据自己的需要参与听讲。

（六）党员队伍——实践岗位最优工程

党员队伍的任务在于榜样和示范。借助主题教育活动，通过"弘扬基因本色，实现岗位最优"的党建项目建设，要求党员在课题研究、班级管理、家校建设、乐学课堂等项目的推进中，自找亮点，自树典型，自觉引领其他教师发展。

汉·王符《潜夫论·释难》有言："大鹏之动，非一羽之轻也；骐骥之速，非一足之力也。"用在学校管理上，我们重视学校每一项工作，但注意用辩证的思维确定立足"点"，寻找学校各项工作的内在逻辑关系建立管理"线"，将"线"根据需要展开成相关的"面"，从而形成"1-2366-1-1"的立体管理结构，使其产生"1+1>2"的管理效应。在减少

学校无效管理环节的同时，也减轻学校迎检和接待来访等诸方面的负担和压力。

一所位于城乡接合部、外来务工子女近65%、十几年前被定义为区内薄弱的学校，目前师生面貌发生了转变，各项指标考核位居区内中上游，因为校风正、学风浓成为家长的选择，来访和外出做培训的人次不断增加。

教育需要坚守和创新并重。我们根据唯物辩证法基本原理，把握教育规律，坚持"用德育这个核心统筹学校一切工作"的思路十几年不变，在不变中寻求新的着力点：从研究教师到研究学生到研究家长。一步一个脚印扎实走过，一张蓝图绘到底，保持定力、持续加力，坚定不移抓下去。我们坚信：坚持不懈，久久为功，一定能为学校的发展赢得一个更好的明天。

有效领导之"管心导行"点滴谈

回首任职校长的第一个学期，有过迷茫，因为毕竟第一次担任学校的最高领导，从学校的整体工作来看，很多事情一头雾水；有过担心，因为在本学校工作18年，与教师熟悉得不能再熟悉，能否服众是个问题；但更多是一种收获的喜悦，因为从学生眼里我看到了幸福，从教师精神状态上我看到了朝气，从家长的反馈信息里我看到了满意，从相关领导的眼神里我看到了认可。

认真反思一个学期的工作，觉得实行有效领导至关重要。有效领导一是领导要做对事，二是运用现有的资源和条件做出更多更好的成果。

一、管心导行，提高凝聚力和战斗力

1. 确定主题，稳定人心，打开局面

上任伊始，教师瞩目，眼神中有期盼、有等待、有旁观……教师们在心里衡量着校长的一举一动。学校班子经过商议确定学年计划的主题：稳定、继承、发展。明确了新学年的发展轨迹，教师的心稳定了，新学期的工作按部就班地开展起来。

2. 正面引导，管理人心，营建氛围

人心是内在的，很难观察到。管理的最高境界是人心管理，万众一心，坚城可摧。如何管理人心呢？

首先，得让教师知道什么是"正"。在校园里树立正气并不难，关键是树立的方法及可信度的问题。每周五的班子例会，各部门首先提"本周内可供表扬的人和事，越具体越好"，责成专门的人汇总，下周一和周二连续两天在厅里的大屏幕上滚动播放，教师和学生们利用闲暇时间观看。事情可能不是轰轰烈烈，但能在潜移默化中影响教师的观念和行为：被表扬总归是件好事。这种做法除了"扶正祛邪"，使教师自觉匡扶行为外，也能作为德育资源感化和教育学生，同时对教务处、政教处等其他职能部门的工作是一种监督，毕竟提供的名单得有据可依。

其次，搭建平台，让每个教师发现自己的美。被表扬是一种幸福，但毕竟观察有限，在教育教学的工作中，难免有看不到的付出，如果这些付出不"见光"，多少会有一种失落。在学期末，学校开展一次"感动自我，感动他人"的征文活动，目的是引导教师发现自己的高尚，从而认可自己。通过打分评级，在欣赏自己的同时，更多地发现同事的高风亮节，达到互相学习、互相影响、共同提高的目的。因为有学生代表参与打分评级，正好同在家长会时展评，那么，教师们的无声付出，会感染学生和家长，进而认真配合教师的工作，达到了"一箭多雕"的效果。

3. 挖掘资源，促进人心，提高效能

学校工作中，班主任的管理非常重要。如果班主任能明确对工作的认识，用思想去有目的地管理班级，监督践行"认识"，那么他的学生是受益无穷的。为了进一步明确自己的管理理念，彰显班主任的特色风采，学校设计一张相框，内有班主任的照片、对教育的理解、所获得的荣誉等内容。相框挂在每个班级的前门外显眼处，让每一个经过的人都能无意识地看到，进而有意识地思考。

（1）对班主任而言的思考：我的日常管理能否体现我的思想？我的个人荣誉没有别人多，班级学生怎么看？——教师的"自我监督"成为教师"自我提升"的内驱力。

（2）对学生而言的思考：我班班主任的想法是什么？我班班主任的荣誉有多少？——学生的监督与学生因班主任而产生的自豪感的多少，成为教师自我发展的外驱力。

（3）对领导而言的思考：在巡视时，不断地将里面的内容与该班班主任的行为及业绩结合，名副其实否？原因在哪？如何指导？——便于领导有的放矢地指导工作，使教师更快更好地发展。

在这项工作中，不但把教师的个人资源开发出来，而且将教师的个人资源转化为对学生的教育资源，体现了"不把员工当作雇员来使用，而是当作资源来开发"的现代管理理念。

4. 树立榜样，引领人心，指导行为

崔颖教师，2010年1月4日退休。该教师的执教生涯中，从不计较个人得失，每一项工作都出色完成，为学校争得了不少荣誉，无论为人、为师都堪称楷模。为了将她这种精神发扬光大，学校在学期末设计了一场前所未有的"退休答谢会"，通过书记致辞，新老教师、学生代表等讲述，崔颖教师的精神感染了全校的教师。这次活动目的在于向教师传递这样一个信号：奉献于教育事业的人，会获得人们永恒的尊敬与爱戴。

在"管心导行"方面，除通过讲座使教师们明事理、知大小、懂规矩，购置相关图书提高教师的职业认识，通过搭建平台设计活动让教师们在工作上感觉舒心外，还在生活上给予教师力所能及的关爱。比如：将在工会活动室闲置多年的皮椅分发给教师，做到物尽其用；调整早班车，提供了早餐，让没来得及吃早餐的教师能够得到能量的补充等。学校领导要做好"服务员"的角色，尽可能地想教师之所想，急教师之所急，最大限度地满足教师的合理需求，也是凝聚人心的不二法宝。

通过"管心导行"的一系列活动，教师的专业态度发生了变化，干群关系融洽了，师生关系和谐了。尤其初三学生，是近几年学苗较差的一届，行为的规范化越来越好，两次分班分层教学，学生状态极其稳定。期末考试和初二时期的成绩相比堪称有大的进步。

二、找准切入点，引领教师的专业化发展

国家教育发展纲要中明确提出，教育的核心任务是提高教育教学质量，工作思路是德育为先，能力为重，全面发展。

"一个人如果知道要往何处去，那么全世界的人都得给他让路。"说的是明确发展方向的重要性。"十一五"的科研课题研究将学科知识进行分解，这只是低层次的研究，较高层次的研究是分析学生的能力结构。

依据国家教育发展纲要和学校的研究基础，我们初步探索了学校德育工作的有效性和学科能力点分解问题。

（一）德育实效性研究

首先，明确德育的内容和德育工作的现状。

德育指学生的品德，具体指学生的态度、情感及体现态度情感的行为。德育工作的现状是学生不吸收，不内化，实效性不强，投入的时间精力与产出比例不协调。

其次，明确新时期德育工作的要求，明确德育工作的内容。

新时期德育工作着眼于学生良好情感、正确观念的形成与发展。依据《国家中长期教育改革和发展规划纲要（2010—2020年）》的精神要求，把"社会主义核心的价值体系融入国民教育的全过程"：坚持马克思主义的指导地位，坚持以中国特色社会主义共同理想凝聚人心，坚持以爱国主义为核心的民族精神和改革创新的时代精神鼓舞斗志，坚持以社会主义荣辱观引领风尚。德育不但要进校园、进课堂，更要进头脑，"把德育渗透于教育教学的各个环节，贯穿于学校、家庭、社会教育的各个方面"。要取得成效，学校的德育工作就必须根据青少年身心发展特点和规律，结合学校学生实际，将学校的德育工作具体化、通俗化，以"德育学科课程、德育渗透课程、德育活动课程"为载体，丰富德育内容，创新德育形式，通过"小组合作"的班级管理模式，不断提高德育工作的吸引力和感染力，增强德育工作的针对性和实效性。构建德育的评价体系，发挥德育评价的激励功能、导向功能、调控功能、监测功能。通过德育评价体系的引导，使学生知道怎样做人，怎样做事，最后使学生达到能自我教育的目的。

制定《金湾中学德育实施纲要》，将德育工作校本化，构建学校的德育课程体系，设计德育载体，走德育生活化之路，有效落实德育工作。

（1）国家德育目标具体化。将国家德育目标6条分解到各年级——通过2类课程载体（课程载体、生活载体）和3种课程载体（德育学科课程、德育渗透课程、德育活动课程），落实各年级的德育目标。通过创新德育形式，使德育工作有吸引力，易于学生吸收并内化。

（2）配以相应的评价标准——结合初中生的特点，将国家德育目标达成具体化。如将"三观"（世界观、人生观、价值观）教育转化为"六心"（关爱心、感恩心、荣誉心、责任心、合作心、奉献心）教育，使

"六心"为"三观"的形成奠定基础。将社会主义优良品质具体化为14个点（团结、互助、诚实、守信、遵纪、守法、艰苦、奋斗、民主、法制、自由、平等、公平、正义）。通过"小组合作管理"和"学生值周班"等考核途径，落实考核细则，结果呈现在《学生成长记录》中，该结果可以作为学生的综合素质考核结果。

（二）学科能力点分解的研究

1. 能力点的分解

在科技迅猛发展的今天，知识是永远学不完的，一定要引导教师明确知识与能力的关系：培养学生的能力是目的，知识是培养、形成学生能力的途径和载体。以促进学生能力形成为主线，通过细化学科能力点，设计课堂教学，避免课堂教学环节的盲目性。另外，学生的能力形成与构建不是教师讲出来的，必须是在学生的自我体验中形成、构建起来的，所以教师必须还课堂于学生，必须真正体现学生在课堂上的主体地位，必须重视学生对知识产生过程的体验。

2. 学生课业负担的问题

目前来讲，学生的学业负担较重。心理学认为，合理的负担有助于形成能力，过重的负担不利于学生的全面发展。如果明确学科能力项、能力点，了解学生的学科学习状况，就会明确学生学科的合理负担是多少，进而明确习题配备的巩固作用、补偿性作用和开发性作用。

"十一五"的课题研究，将学科知识点进行分解，明确了学科知识体系，"十二五"在学科知识体系的基础上，研究构建学科能力体系，配以教学规律、教学策略、教学模式方法优化的研究，达到减轻学生课业负担、提高教学质量的目的。

总之，作为学校的领导者，要让员工明白：应该干什么，怎么干，为什么这么干。好的应适时给以肯定，不足的施以方法指导，难点处群策群力，从而实现"有效领导"。

新时期教育教学工作的思考

一、目前学校教育现状的认识

1999年的第三次全教会，颁布了《关于深化教育改革全面推进素质教育的决定》，素质教育作为党和国家的战略决策，进入了国家推进、重点突破、全面开展的新阶段。素质教育的要义为：教育要面向全体学生，促进学生的全面发展、主动发展。由此揭开了课程改革的序幕。2003年，在总结实验区经验的基础上，开始大面积推广新课程。

应该说，素质教育倡导了多年，新课程实行了多年，对推动我国的教育改革和发展起了巨大的作用。但也不可否认，在推进素质教育发展的过程中，也存在着一些与素质教育不相适应的思想和问题。

首先，对德育的理解有偏差，德育工作实效性不强。

德育即思想品德教育，其任务是通过德育培养具有优良品德的学生。品德是指"情感、观念和由情感、观念表现出来的行为"，因为情感、观念无从考核，我们大都把"由情感、观念表现出来的行为"作为考核的内容来考量学校的德育工作，使得个别学校重视学生的"养成性"教育，注重学生良好习惯的培养。其实一个人的行为良好，不代表他情感积极，观念正确。比如学生甲不讲卫生随地吐痰，不能说他品德不好，因为他可能极具爱心、有责任、能奉献。学生乙珍惜时间、及时完成作业、大胆发言等，但冷血、自私，不能说他品德高尚。所以说，品德是通过具体行为表现出来的，但不是所有的行为都代表品德，只有体现"观念、情感"的行为才是品德的具体化。那么以"养成性教育"为主考量学校的德育工作，就会忽略德育教育的本质——学生的情感、观念的形成与发展。

德育内容的理解产生了偏差，导致德育工作的实效性不强。另外，德育课程——政治课的实施，理论性过强，重说教轻体验，使德育没有吸引力，所以谈不上教育内容的吸收与内化。

其次，教师的观念相对滞后，限制学生能力的发展。

大多数人认为"教师讲得多，学生一定学得多；教师讲得对，学生一定接受正确"，忽略学生接受知识的心理体验，通常认为"学生上课体验浪费时间，进度完不了"。在这种以学习知识为目的设计教学的观念支配下，教师主导作用的发挥常常过头，从而替代了学生的主动思维，使得课堂上学生参与的广度、深度不够，学生课堂上主体地位不能得到很好的体现，学生个体知识体系的构建是教师塞给的，被动接受知识导致学生的能力发展较慢。这种把知识当作学习目的的课堂教学行为表现，使得促进学生的主动发展、提高学生的创新能力成为一句空话。教师出力不少，总是不讨好，于是感慨现在的学生越来越不愿意学习了。仔细想一想，由于被动学习体验不到学习的乐趣，厌学者越来越多，是我们教师的观念滞后，影响了学生学习的积极性。

社会的发展离不开知识的发展，教育能在短时期内提高人的知识，却不能在短时期内提高人的能力。能力的提高是一个长期发展的过程，人的素质需要知识为基础，更需要能力做支撑，因此在抓素质教育的时候不能急功近利，应该做长期打算。"百年树人"说的就是这个道理。

二、新时期教育教学工作的思考

新时期的教育，应该回归教育的本质——以人为本，统筹发展，规划教育内容；德育生活化，增强德育的实效性；以能力为主线，以知识为载体，设计教学流程。

2010年颁布的《国家中长期教育改革和发展规划纲要（2010—2020年）》，明确提出以提高教育质量为核心，德育为先，能力为重，全面发展。

首先，要正确理解提高教育质量的内涵，明确提高教育质量的策略。

提高教育质量就是提高学生的德智体美等综合素质。学生综合素质的提高关键在于教师教育教学能力的提高。教师的教育教学能力包括师德、教学素质（含评价能力）、教育素质（含评价能力）、心理素质等。提高教师的教育教学能力的载体就是教育教学活动实践，引导教师在"做中学"，便于教师研究相关的策略、方法、模式，从而优化教育教学环节。建立"做中学"的有效策略：一是将教育教学工作纳入科研轨道，即工作内容课题化；二是建立长效机制，加强校本管理，通过校本研修，构建学习型群体，促进教师专业化发展。

其次，正确理解德育的内涵，明确新时期德育工作的要求与内容，增加生活德育的比例，重视学生的心理体验，提高德育工作的实效性。

积极落实新时期德育工作的内容与目标：

1. 进行马克思主义中国化最新成果教育，培养学生的"六心"（关爱心、感恩心、荣誉心、责任心、合作心、奉献心）意识和精神，为学生形成正确的世界观、人生观、价值观奠定基础，并引导学生初步形成正确的世界观、人生观、价值观。

2. 进行理想教育、信念教育和道德教育，引导学生树立对中国共产党的领导、对社会主义制度的信念和信心，培养学生良好的社会主义道德品质。

3. 进行爱国主义、改革创新等时代教育，培养学生热爱祖国的情感和创新的精神。

4. 进行社会主义荣辱观教育，培养学生具有团结互助、诚实守信、遵纪守法、艰苦奋斗等良好品质。

5. 进行公民意识教育，引导学生树立社会主义民主法制、自由平等、公平正义等法制意识，增强社会责任感。

6. 进行中华民族优秀文化传统教育和革命传统教育，弘扬民族精神，培养学生尊重中华民族优秀传统，发扬优良革命传统。

有效教学管理的点滴体会

作为副校长，在薄弱学校主抓教学工作已有6年了。回顾走过的历程，总结一个字，就是"苦"，但苦中有"乐"，就是在培训中不断看到教师的成长。教师的进步得益于学校"科研兴校"的办学思路。在教师培训中，我们坚持以下四个原则：

课题牵动原则：我校"十一五"省级课题《提高教师三项能力》的研究，在细化课标详解、构建知识微结构、课型操作的研究的基础上，进行教法、学法等的研究，提高教师能力，提高教学效益。

实践性原则：本着"实践—认识—再实践"的原则，将研究贯穿于教学工作的始终，在研究中实践，在实践中领悟、升华。

全员性原则：所有教师是实践的主体。

共享性原则：个体在实践后反思的基础上，提炼总结经验；通过相互的听课、研讨、交流，总结提升经验，使之形成规律。

在具体的工作中，管理就是解决"让人知道干什么，怎么干"的问题。我们重点实行以下两方面的策略：

一、"计划先行，步步为营"策略

计划先行：每学年的计划都始于上学年的期末，培训也始于上学年的期末，教师的假期作业为培训内容的深化，这样充分利用好教师的假期时间。步步为营：每个学年末，针对本学年的教学情况进行分析，主要是筛选"成果"和"问题"。下学年的工作一是强化成果，二是针对问题确定工作内容、制定相关措施。这样既能保证研究成果不流失，使工作有连续性，又能集中精力解决问题。具体介绍如下：

1. 2005—2006学年，通过调研发现，教师有干劲，但不知道上课讲什么，讲到什么程度。于是学校在2006—2007学年决定带领教师研究课标，当时学习课标一般的做法是考，我们觉得考课标难度大意义不大。难度大是因为校领导不是通才，能出一个学科，不能出所有学科，批卷更不用说了。意义不大在于教师得背，增加教师负担，教师怨声载道，效果也不是很好。我们就带领教师做课标详解工作：将课标中三维目标分解到每一课时中，提炼出每一课时的三维目标。

具体做法：2006年7月中旬（暑假前），学校对课标详解的相关工作进行培训，比如知识分类、达成度的层次分类、三维目标的表述方法等，假期教师作业就是按照统一格式进行整理。教师上班后，第一项工作就是收作业、评作业、考核作业，在教研组评的基础上修改整理成课标详解试用稿，作为校本教材指导教师备课、上课——解决上课讲什么、讲到什么程度的问题。

注：同期配套重新设计"教学设计"，目的一是运用"研究的内容"，二是在使用中修改"研究内容"，这样使"课标研究"落到实处。

2．通过2006—2007学年教师的努力，整理出初中教材一整套的课标详解资料。通过整理，教师知道上课讲什么、讲到什么程度，但讲不全，尤其是方法性知识的遗漏，导致学生对概念、原理等的不理解、不会运用，学生的能力提升难度大。于是在2007—2008学年，我们带领教师进行建立知识微结构的研究：寻找每节课中所蕴含的不同类型的知识点（概念性、原理性、方法性），寻找的过程即为构建过程，其目的是让教师找齐、找全知识点，教学中做到不缺、不漏，为提升学生能力奠定基础。

具体做法：2007年7月中旬（暑假前），学校进行知识微结构的相关培训，比如概念性知识、原理性知识的区分、方法性知识的提炼与表述。假期教师利用学校统一设定的表格，借助"课标详解"，整理教材中每一课时的知识微结构，教师上班后，第一项工作就是收作业、评作业、考核作业，在教研组评的基础上修改整理成知识微结构试用稿，作为校本教材指导教师备课、上课——解决上课不漏点、提升学生能力的问题，同时利用知识微结构，指导学生将厚书读薄，在复习时节省大量的时间。

注：

（1）重新设计教学设计，出台教学设计的评价标准；

（2）课堂教学评价中强调知识微结构建立的环节；

（3）学生知识微结构作品展；

（4）知识微结构研究的反思、案例体现在"教师研修手记"中，每月科研主任检查考核。

3. 通过2006—2007学年课标详解、2007—2008学年知识微结构建立的研究，基本上解决了教师讲什么、讲到什么程度的问题，尤其注重方法性知识的提炼，注重培养学生的能力，但课堂上教师教学的规律意识不强，教学效率较低。于是在2008—2009学年，我们带领教师搞课型研究，课堂力求体现知识的形成规律，遵循学生能力的形成规律，并使教学流程具有可操作性。

具体做法：2008年7月中旬（暑假前），改教学设计为课型操作流程式（借鉴长沙麓山国际学校的样板），并对新教学设计的书写进行培训，教师假期作业就是用新的教学设计写出两个案子，教师上班第一项工作就是收教学设计、评比、考核，教研组组织研讨，形成某课型的初稿。接着在教学工作中反复研讨、实践、提炼，通过示范课、拉练课反复打磨，形成中稿后在全教研组推广，坚持成熟一个、推广一个的原则。

改教学设计为课型操作流程式，目的是促进教师在备课时就要思考某课型的操作流程，再通过上课实践课型、课后反思课型，从而使课型研究落到实处。目前完成中考学科12个课型设计，装订成册，作为校本教材印发到学科教师手中，指导教师教学。

注：

（1）教学设计中设有三维目标栏，结合课标详解和知识微结构使用；

（2）配合课型研究，教学设计评价、课堂教学评价增设新内容；

（3）课型研究的反思、案例体现在"教师研修手记"中，每月科研主任检查考核。

4. 通过2008—2009学年的课型研究，教师的课堂教学环节更具有逻辑性，重视知识的形成规律、学生能力形成的过程，但对学生怎么学、学习的积极性研究得不够。于是在2009—2010学年我们带领教师进行有效教学行动研究，重点要求教师从学生如何学才能学会、学好的角度思考教学设计，重视学科的德育渗透。

具体做法：2009年7月中旬（暑假前），改课型操作流程式的教学设计为细化学生学习过程的教学设计，并对新教学设计的书写进行培训，教师假期作业就是用新的教学设计写出两个案子，整理学科学习方法和学科德育渗透点。教师上班第一项工作就是收作业、评比、考核，教研组组织研讨，形成某课型教学设计的初稿。接着在教学工作中反复研讨、实践、提炼，通过示范课、拉练课反复打磨，强化学生学习过程设计流程的科学性。研讨形成的学科学习方法经过整理印刷作为校本课程的教材发给学生，研讨形成的学科德育渗透要点作为校本教材印发给教师，指导日常备课。

改教学设计为细化学生学习过程，目的是逼着教师在备课时就要思考某种知识学生怎么学最有效，再通过上课实践、课后反思，从而使学法研究落到实处。

注：

（1）教学设计中设有三维目标栏，结合课标详解和知识微结构使用；

（2）教学设计中文理科在不同位置体现课型；

（3）教学设计评价、课堂教学评价涉及课标解读、知识微结构建立、课型、学法与教法的匹配等研究过的以及正在研究的项目；

（4）有效教学研究的反思、案例体现在"教师研修手记"中，每月科研主任检查考核。

二、"分类分期培训、层层落实考核"策略

此策略具体操作方法：由上学年期末的通识培训开始，然后骨干引路、教研组研讨、集备组落实、教师个人的考核，不仅要注意培训的对象分类别和层次，培训方式的多样性和针对性，尤其是在时间的安排上要体现循序渐进的特点。由此落实教学工作主线牵动的原则。以2009—2010学

年第一学期有效教学研究为例说明。

2009—2010学年第一学期有效教学研究表

培训类别	序号	主题	培训方式	时间安排
全员培训	01	2009—2010学年教学设计书写	讲座——集中"案例式"培训	2009年7月18日（暑假前）
	02	"有效教学研究"实施方案解读	讲座——集中培训	2009年8月27日
		教学有效性评价标准解读 有效教学设计评价标准 有效课堂教学评价标准 有效作业及批改评价标准 有效集备评价标准	讲座——集中培训	2009年8月27日
	03	有效教学之学科德育渗透方法	讲座——集中培训	2009年8月28日
骨干教师培训	01	有效教学设计研讨	同伴互助——案例分析、讨论、修改，形成二稿	2009年8月31日
	02	1. 有效教学设计 2. 有效课堂教学的引路课	专业引领： 用二稿的教学设计上课10名骨干，物化组无区市级骨干，用校级骨干上课	2009年9月1—4日
青年教师培训	01	有效教学设计培训	专业引领： 将骨干教师教学设计的"一稿、二稿"张贴在黑板上，进行比对、修改设计自己一个教学设计交教研组长评价	2009年9月1—4日
	02	有效课堂教学的评价	专业引领、同伴互助： 骨干教师引路课后，教研组长组织研讨（教学设计、课堂教学的有效性） 用有效课堂教学评价标准进行试评价	2009年9月7—11日

续表

培训类别	序号	主题	培训方式	时间安排
青年教师培训	03	教学拉练（40岁以下）有效教学设计有效课堂教学（40岁以上分文理科当评委，必须听课、评课）	同伴互助：比赛教研组评：教学设计与课堂教学评出优胜者上校级展示课（在下学期的3—4月份），由全校教师参与打分，评出校级骨干教师	2009年10月12日—11月20日顺序：物化生、数学、语文、音体、英语
其他工作	01	有效教学研究资料整理	教研组研讨、整理	2010年1月期末考试后
	02	有效教学研究的体会	同伴互助：教师论坛交流	2010年1月教师放假前

第二章　强基固本的教师培训

在校本研修中提高教师队伍的素质

金湾中学是一所薄弱学校，曾因教学设施不完善、教师队伍弱而闻名甘井子区。通过"双高普九"和教育均衡化政策的不断深入，学校硬件设施薄弱的情况得到改善。目前的突出问题是教师队伍素养整体偏低，如何寻求一种有效的解决方法是学校的工作重点。我校在调研的基础上，科学规划学校的特色发展之路，那就是整合学校的常规工作，建构整体协同课程体系，在课程的构建与实施中提升教师队伍的综合素养。工作思路是问题研究课题化—课题研究课程化—课程研究校本化。

下面仅就如何以课程研究校本化提高教师的教学素养谈具体的做法。

就教师教学素养而言，主要问题是不会上课，表现在课堂上不清楚该教什么，怎么教，导致了课堂效率低。为了使教师"会"上课，我们开展了以课标详解、课堂知识微结构的建立及优化课堂教学模式为内容的教师三项能力研究，并将此专题申报了"十一五"省级立项课题。

一、课标详解：历时一年半时间，形成10多万字的资料，全校每个学科都完成了新课标详解工作。

1. 前期培训分解为五步

（1）引导教师明白知识的分类——概念性知识、原理性知识、方法性知识。

（2）引导教师分清什么是知识目标，什么是能力目标，什么是情感目标。

（3）理解并掌握课标中对不同知识要求的四个程度词（知道、了解、理解、掌握）。

理解并掌握课标中对不同能力目标达成度的表述程度词（初步能、能、能熟练……）。

（4）教给教师知识目标的表述方法——程度词+知识要点。

教给教师能力目标的表述方法——程度词+动词+知识要点+（解决、计算……）+问题。

教给教师情感目标的表述方法——本课内容的体现，如还是用下一节课，则表述是错误的。

（5）给教师样表，引导教师将课程标准的要求分解到每一课时的三维目标中（寒暑假）。

例如：课标与教材对应点提炼《数学》（七年级下）。

章	单元	课节	三点提炼	目标要求
第5章相交线	5.1.1相交线	1	知识点：邻补角与对顶角的概念与性质 能力点：识别邻补角与对顶角，运用邻补角，对顶角的性质 教育点：邻补角与对顶角在生活中的应用	知识目标：了解邻补角与对顶角的概念，掌握邻补角，对顶角的性质 能力目标：能识别邻补角与对顶角，会用邻补角，对顶角的性质解答问题 教育目标：感受邻补角与对顶角在生活中的应用

学校通过检查教学设计中三维目标表述和相关考试检查教师对以上内容的掌握程度，例如：

原目标表述	①知识目标：了解平行线的概念，会做已知直线的平行线，会经过直线外一点利用直尺做已知直线的平行线（能力目标） ②能力目标：通过举例、动手操作了解平行线的概念及做图方法（知识目标） ③育人目标：培养学生的观察能力、动手操作能力（适用整个学年）
改后目标表述	①知识目标：a.了解平行线的概念。b.掌握画已知直线的平行线的方法。c.掌握平行公理 ②能力目标：会画已知直线的平行线的能力 ③育人目标：了解平行线在生活中的应用，激发学生学习兴趣

2. 二期培训内容——了解程度词的内涵

（1）明确知识目标中动词（知道、了解、理解、掌握）达成度的含义——安排教学环节的时间及配题类型。

第一层次：知道或了解水平（再认或回忆知识，识别、辨认事实或证据等）。

第二层次：理解水平（把握内在的逻辑关系，与已有知识建立联系等，如解释、推断、说明……）。

第三层次：掌握水平（在新的情境中使用抽象的概念、原则，进行总结、推广，建立不同情境下的合理联系等，如应用、使用、质疑……）。

（2）明确能力的学习水平与行为动词（检验教学效果）。

第一层面：模仿水平（在原型示范和具体指导下完成操作，对提供的对象进行模拟、修改等。

第二层面：独立操作水平（独立完成操作，进行调整改进，尝试与已有技能建立联系等）。

第三层面：迁移水平（在新情境下运用已有技能，理解同一技能在不同情境下的适用性等）。

（3）体验项目的学习水平与行为动词（过程与方法、情感、态度、价值观方面的目标）。

第一层面：经历（感受）水平（从事相关活动，建立感性认识等，如经历、感受、参加……）。

第二层面：反应（认同）水平（在经历的基础上表达感受，态度和价值判断，做出相应反应等）。

第三层面：领悟（内化）水平（具有稳定的态度，一致行为和个性化的价值观等，如形成……）。

当教师把握了这些动词的达成度后，备课会准备充分，课堂环节安排合理，上课不会跑偏。

附：课标要求"理解"层次的训练方法

训练层次	应配题型	教师引导学生
1. 记忆	选择题、判断题	
2. 辨析	选择题、判断题	条件不可缺/条件之间关系不可混
3. 模仿操作	直接应用型/间接应用型	归纳解题方法/解题注意事项
4. 独立操作	直接应用型/间接应用型	消化理解
5. 纠正		

附：课标要求"掌握"层次的训练方法

训练层次	应配题型	教师引导学生
1. 解决实际问题	联系生活实际应用题	归纳方法、使用方法
2. 与旧知识联网形成的题	包含新旧知识点综合题	1. 分清知识层次 2. 回忆各层解题方法 3. 分层次应用方法

（通过检查教师"教学设计"中的教学流程，考核教师对以上内容的理解）例如：

教学环节与内容	学法与教法	学生	教师	时间
巩固练习	基础 1. 选择4小题 2. 填空6小题 3. 画图1小题 能力 1. 求值2题 2. 求解析式及交点坐标1题 创新1题	表达法；提问法 指导法 做图法 讨论法；点拨法 表达法；总结法 观察法；启发法 讨论法；引导法	口答选择填空， 动手画图 先独立思考而后讨论、讲解自己的解法	组织 调控 总结解法	5 10 8

二、知识微结构的建构

我们把每节课中所蕴含的不同类型的知识点称为知识微结构，寻找的过程则是建构的过程。找准、找齐每节课中的知识点是一个优秀教师应具备的能力之一。

（1）知识点分类、寻找的方法及课标要求如下：

知识点分类	寻找方法（关键词）	课标要求
概念性知识	书中：什么是什么类型（一个条件）	知道或了解
原理性知识	书中：两种条件以上得到结论（公式、定理、性质……）	理解（难点关键）
方法性知识	①从原理性知识中提炼；②从例题中提炼；③从习题中提炼	掌握（重点）

方法是可以提炼、可以传承的，因此归类为知识点，其中方法类知

识最为重要，是教会学生学习、培养能力的核心，也是教师能力的核心体现。

（2）知识微结构构建法

教师在每章（单元）授课前，将知识脑图（只有框架没有内容）交给学生；

在每节课上，引导学生整理本课知识点，尤其是提炼出的方法性知识，强化记忆与应用；

当一章教学结束时，通过测试或竞赛等形式使学生能背着画出脑图；

当全册书结束时，将每章的知识脑图绘制成一张大的脑图，形成学科知识的初步脉络。

其作用是：第一综合复习时可节省大量的复习时间，尤其是初三中考的第一阶段；第二教给学生一种终身受益的学习方法。

附：初三数学22.3《二次根式的加减法》课堂知识微结构

概念性知识	1. 同类二次根式：化简成最简二次根式后被开方数相同 2. 二次根式的加减法：几个二次根式相加减 3. 二次根式的混合运算：二次根式的加减乘除及乘方运算
原理性知识	运算顺序：先算乘方，再算乘除，最后算加减，有括号的先算括号里的
方法性知识	1. 化简最简二次根式： ①被开方数为整数：把被开方数写成几个质数积的形式，能写成平方的写成平方，写不成平方的作为积的一个因数 ②被开方数为小数（分数）：写成分数形式，再把分子、分母分别写成几个质数积的形式；分子中能写成平方的写成平方，写不成平方的作为积的一个因数；分母中能写成平方的写成平方，写不成平方的分子分母同乘以这个数 ③分母中含根式：将这个根式化简成最简二次根式后，分子分母同乘以这个最简根式之后，再运用二次根式性质化简 2. 合并同类二次根式：①系数相加减；②被开方数不变 3. 二次根式的加减法：①把不是最简二次根式的化简成最简二次根式；②把同类二次根式合并；③所得结果化简成最简二次根式 4. 二次根式的混合运算：①确定运算顺序；②选择运算法则进行计算；③所得结果化简成最简二次根式

三、优化课堂教学模式

课标详解和构建课堂知识微结构的研究，解决了课堂上教师教什么、教多少、教到什么程度的问题，但评价一堂课的好坏，绝不是课堂上教师传授知识的多与少，而是看学生吸收、理解、内化量的多与少，能切实落实学生的最近发展区的才是一堂好课。

所以优质课型的设计既要在课标详解及构建知识微结构基础上进行设计，更要从学生的实际出发，根据学生的实际安排课堂上的容量与难度，才能切实落实学生的最近发展区，否则只能从理论层面上去设计教学，使课堂教学没有实效性。此项工作正在研究之中，预计2年左右时间完成。

附：英语听说课课型模式

环节与流程	学生的学习行为	教师的操作行为
创设情境 进入情境	1. 根据情境，开展与本单元内容相关的自由对话 2. 产生求知欲望，并以饱满的情绪投入到学习之中	1. 通过引入新课、激发学习动机 2. 针对教材内容创设情境 3. 引导学生根据情境自由会话，激发学生学习积极性和自主学习的热情
听说训练 答题跟读	1. 带着问题听课文，之后回答问题并评价 2. 跟读课文，模仿正确的语音语调，整体感知课文	1. 根据课文内容设计简单易懂，有助于学生整体把握课文的问题 2. 指导学生听力技巧 3. 组织小组讨论，检查学生回答情况 4. 指导、调控跟读过程，鼓励学生大声、大胆朗读
朗读理解 细化问题	1. 小组合作朗读课文，正确流利，声情并茂 2. 小组合作完成阅读中所设的问题（图表式，判断式，问题式，填空式等） 3. 对完成的内容进行有效评价，纠正错误，取长补短	1. 设阅读问题（图表式，判断式，问题式，填空式等） 2. 指导学生朗读课文，组织评价，进行纠正点拨 3. 鼓励小组合作，注重个体差异，关注学困生

环节与流程	学生的学习行为	教师的操作行为
情景再现 延伸升华	1. 根据教师提供的真实语境小组合作，利用所学新知重新编排对话或其他形式的语言输出练习，体会和使用语言 2. 展现自我，并具有合作的团体精神，主动帮助有问题的同学	1. 做好选材工作，设计出创新的语境供学生发挥 2. 为学生创设交流的时间和空间，并做好指导，鼓励同学互助 3. 把握练习的时间，对共性问题及时点拨、矫正 4. 对完成情况进行有效评价和点拨
巩固操练 归纳总结	1. 进行笔头练习，巩固新知，检验学习效果，查缺补漏 2. 各小组运用新知，联系实际，谈学习收获、体会（有条件的班级）	1. 设计适合学生的习题 2. 帮助指导个别学生，鼓励学生就不同的知识提出问题 3. 鼓励学生在小组讨论中交流思想 4. 分层次布置作业

四、学法研究

世界教科文组织曾经预言：未来的文盲是不会学习的人。可见掌握学习方法是多么重要的事。本着对学生终生负责的态度，本学期要求所有学科教师进行学法研究。目前主要有自主学习法、听讲法、观察法、读书法等近20种。具体做法：开学初自定研究的学法，自找理论学习，每月3~4次过程记录，学校定期检查考核，学期末总结经验交流。

附：自主学习的学法研究

研究 目的	1. 培养学生阅读习惯 2. 提高学生阅读能力 3. 培养学生自主学习能力 4. 提高课堂教学效率
定义	学生在上课之前，在教师学案或预习题的引导下，了解和熟悉学习内容的一种学习方法
操作 步骤 一	布置预习内容，掌握预习方法： 1. 教师设计学案或预习题，注意题的设计有引导性、层进性、差异性，以学生能做为前提 2. 提出具体要求 3. 教学生如何根据学案或预习题预习（第一次领学生做，以后学生可以仿做）

操作步骤二	检查预习情况： 1. 课前检测——以字词等积累类的知识为主 2. 课堂检查 1）课堂教师授课时，把预习的内容设置成问题，提问学生回答，对学生的预习情况进行检查，同时评价学生对预习作业的完成情况 2）课堂提问时，与学生综合评价相结合 3. 整理学案 教师指导学生边听讲边修改，增补学案中的错误和不足之处，为构建课堂知识微结构打基础
操作步骤三	拓展提升预习效果： 1. 在检查预习、提问的过程中，教师适当地拓展延伸 2. 引导学生总结、归纳，构建知识结构网络

这些学习方法的研究，不但能提高成绩，而且在培养学生的良好学习习惯上也起到很大的促进作用。这也正符合我们以整体协同课程体系为载体，以校本研修为手段，通过课程育人化、国课校本化、校课个性化实施过程，实现我们教育和谐化的目标，即促进全体学生全面、协调、可持续发展。

通过课程研究校本化的实践，我校的教育教学水平提升很快。

1. 队伍变化：教师的观念得以转变，素质得到提升，用专家法评价，教师素质提升近两成半。

2. 学校变化：

（1）2005年荣获辽宁省科研先进集体、教学成绩达标奖、教学管理奖；

（2）2006年荣获甘井子体育卫生先进集体、教学成绩奖、教学管理奖；

（3）2007年被评为大连市科技示范校；

（4）2007年被评为大连市德育先进学校；

（5）2007年获得教学成绩优胜奖（全科及格率突破90%）、最佳教学管理奖；

（6）2007年，教师市级课获一等奖1人，二等奖3人，区级课一等奖获奖4人。

开发内需，激发活力

古人对教师作用的阐述是"传道授业解惑也"。除此之外，现代对教师的作用还有界定，那就是"教师是人类灵魂的工程师"。因此教师道德修养和专业水平等的不断发展是学校发展和学生发展的根本保障。从某种意义上说，学校管理重在教师队伍的建设，通过教师高尚的德行和渊博的知识影响人、教育人。

我校是区属薄弱学校，有专职教师47名，但缺少中坚力量，两极分化现象严重：一极是教龄不满4年的教师有18人，他们有热情，有干劲，但缺少方法；另一极是教龄在15年以上的老教师22人，他们有经验，有方法，但缺少热情。学校总计有高职教师15名，区级骨干教师3名，市级骨干教师2名。他们中的大多数人认为，不管怎样，学校内再也没有多少向上发展的空间了，因而少了紧迫感。更因为现行制度是高职待遇不与当前教师业绩挂钩，各级骨干凭硬件当选之后也无得力的考核措施，于是高级职称或骨干证书就是个人的一个荣誉，一种摆设，它最大的好处就是给教师个人工作调动带来巨大的便利。所以待到目的达到后，一切归于平淡甚至是平庸时，大部分教师都觉得无所谓，这种"无所谓"也极大地影响了青年教师的工作情绪。高职或骨干教师因没有追求、没有压力而惰性渐起，最后的结果是部分高职教师或骨干教师不如上岗两三年的青年教师，更有甚者有的高职教师连课都上不了，这就是学校管理最大的悲哀，所以我们曾经尝试的师徒结对的做法不得不中途夭折。以后的诸如学科教师的基本功比赛、教师自报发展目标等做法，虽然对提高教师能力有一定的促进作用，但大多数教师把它们看成是一种考核，参与其中实属迫不得已，所以终因教师缺乏内需，缺少向上向高发展的动力而失去坚持下去的意义。一段时间内，教师队伍建设工作处于停滞状态。

那么如何通过学校管理增强教师活力，使每一层次教师的自我提高成为一种自觉自愿的行为呢？

偶然间看到这样一则报道：长途运输沙丁鱼时，都要把鲇鱼放入装有沙丁鱼的水槽里，目的是给沙丁鱼造成一种紧张的气氛，生存的需求使沙丁鱼不停地游动，从而增强了沙丁鱼活力，减少了运输过程中的死亡率。受这一现象的启发，我们在教师队伍建设中大胆引入鲇鱼效应理念，成立校级骨干培训班。

校级骨干培训班由40岁以下教师组成，它打破教龄、职称、骨干级别的界限。成员有相应的职责、考核内容及跟踪考核制度，每月根据提前布置的内容有一次学习心得交流。学期末将各项考核分数累加排序，选取一定的比例授予校级骨干教师的称号，并对被评为校级骨干的教师给予物质奖励。如果在考核结果中有区、市级骨干教师没被评上校级骨干的，则取消其在校内的骨干待遇。

校级骨干培训班，打破了条框界限，避免了论资排辈的潜规则给青年教师带来的桎梏，为新上岗的教师提供了展示自己的舞台，尤其是与高职教师和区、市骨级干教师同台竞技，极大地激发了他们的工作热情。如果青年教师成为校级骨干并获奖，还能达到低职高聘的目的。而青年教师的赶超欲望也使区、市级骨干教师和高职教师有了紧迫感，由原来的"逼我变"，转变为现在的"我要变"。

有人说，没有生存的需求就没有行为方式的改变。校级骨干培训班的组建，使高职教师和区、市级骨干教师的生存需求大为增加。业绩不行，面临着末位淘汰的危险，更主要的是拼不过"小字辈"他们面子上感到难堪。所以校级骨干培训班既调动了这部分曾经辉煌的老教师的能动性，使他们能充分挖掘自身潜能，自觉提高自身综合素质，也带动了青年教师德行等的健康发展。

校级骨干培训班运行三年，达到了我们的预期目的：新教师要做到一年顶岗，二年胜任，三年成骨干或学科带头人。目前学校所有的教研组长、集备组长都是3~4年教龄的教师，另有一人是学校中层领导，还有4人成为教导处的助理，其中有两人兼任年级组长。在过去的两年内，有3位青年教师上过市级课，有4人上过区级课，有7人次在区里做过学科教学的经验交流。由于青年教师的迅速崛起和老教师的积极努力，金湾中学的教育教学也有很大的进步，连续三年获得教学管理奖和教学成绩奖。

教育的目的一是传承，二是发展，而发展是教育的重要属性。学校的发展需要依靠教师，这就需要把教师当成资源来开发，而不是当成雇员来使用。资源开发需要最大限度地调动各层人员的内需。作为管理者不但要善于营造一种和谐向上的气氛，并让教师知道如何做才能发展得最快，还要善于开发教师的内需，提高教师内需的档次，通过有效管理，促进教师更快并且向更高的目标发展自己。

提高教师教育教学能力的几点尝试

金湾中学自2001年由厂矿划归地方以来，在教育教学的规范上取得了一定的进步。但由于历史的积陋太多，一时间很难有令人满意的作为，故此2001~2003年学校的各项指标一直在低谷徘徊，居全区倒数位置。看到周边学校飞速崛起，身为金湾的管理者我们感到一种从未有过的压力。物竞天择，适者生存，当金湾中学被区定为薄弱学校之后，学校从上到下都有一种危机感。"穷则思变"，经多方调研，学校薄弱的症结一是教学设施弱，二是师资队伍弱。教学设施弱不是依靠学校自身一时能够解决的，但师资队伍弱学校完全可以通过校本教研来提高。在尝试中我们一是找准切入点，即教师队伍主要弱在何处，二是针对薄弱点开展切实可行的校本研究。具体做法如下：

一、找准切入点，制定发展规划

教师队伍薄弱导致课堂教学效率低下，我们曾经尝试以提高集备、教研质量为手段提高教师素质，将集备、教研的程序按要求细分到十步操作，操作步骤人手一份，学校随机检查、督导、反馈，但效果不是很好。问题究竟出在何处？经过自上而下、自下而上的讨论，我们得出的结论是：薄弱不在教师的敬业精神，而主要在教师分析处理教材的能力和教学设计的有效性上。问题的症结找到了，学校将提高教师队伍素质的切入点放在提高教师对课标、教材的整合及教学设计的有效性上，并据此制定学校师资队伍建设和教师个人的两年发展规划。

二、"标""本"合一，提升教师的业务能力

教师队伍薄弱重点之一是许多教师只凭经验处理每节课，知识点、能

力点挖掘不到位，训练不到位。课标学过，也考过多次，但从掌握情况来看支离破碎，因而不能很好地指导教学。另外由于教材本身的局限，有些地方不能很好地进行知识、技能等训练，这就需要教师重新整合教材。为了更好地把握课标、整合教材，提高教学效率，寒假期间，学校将课标要求与课本知识体系对应列表，经过组内研讨、定稿、展评，几经循环，在开学初每个教师都按照要求整理出本学期"标—本"体系对应表，在整理过程中既熟悉了教材，又钻研了课标，为新学期的授课打下坚实的基础。因为教师对教材有了宏观上的把握，这就为进一步的整合教材（国课校本化）奠定了基础。

总结：将课标要求与课本知识体系对应列表，目的是使教师授课时能脑中有标，胸中有本，心中有数。

三、改革教案设计，使教师真正能运用课改理论指导备课，并使备课真正为上课服务

课程改革进行多年，继续教育，校本培训，可以说理论学了很多，笔记也记了不少，但走进课堂，我们不难发现，教师的教学行为变化并不是预期的。在修改中我们真正体会了什么叫"细节成就完美"。比如最后在审稿时无意中发现，如果把教师活动栏放在学生活动栏之后，教师备课时就得针对学生要学的知识技能先思考"学生怎样学"，再思考"教师怎么教"，是学法决定教法，而不是传统的教师怎么教，学生怎么学，从而更好地体现了学生的主体地位。当然，为了使教师尽快适应新教案，学校在假前进行两轮培训和两轮展评，假后又开展全校性的说教案设计比赛，开学初又加强督导与检查，较突出的在学校会上展示讲解。

新教学设计与旧教学设计最大区别在于它突出了"学生怎么学"和"教师怎么教"的环节（即写明学与教的步骤），而教学内容栏只依次写明本节课要引导学生学的知识和训练的能力即可。在传统教学中，教学设计与实际上课不符的情形屡有发生，在有的教师眼中，教学设计是给部门检查工作看的，草草几笔，写完了事。所以早有教师说：写教学设计是劳民

伤财，不写也罢。但在新教学设计中，要求教师必须依照整理的"标—本"体系设定每节课的三维目标，分析学情确定重点及难点。在教学流程中要求知识点、能力点是层进关系，针对知识点、能力点的学法，教法也是循序渐进的，另有配题训练说明和各环节的设计意图说明。因为新教学设计是针对上课需要而设计，因此能真正实现教学设计为上课服务的目的。学校课后要将上课流程与写的教学设计对比，把二者是否统一作为常规考核之一。

总结：新教学设计的目的一是使教师真正以学生为主体，以学法定教法，实践课改理念；二是提高教师备课质量，使备课真正为上课服务。

四、将问题课题化，课题研究化，研究行动化

有研究表明，影响教学质量的因素有三个：师生关系、学习方式、教学方式（三个因素实际折射的是教育和教学两大方面的问题）。

1. 问题课题化：学校以"规范课堂教学，提高教学效益"为研究对象，要求每个教师根据自己的教学实际确定研究专题（专题要求宜小不宜大，而且对自己来讲是急需解决的或者是自己教学有问题的症结）。

2. 课题研究化：为了便于教师研究、操作，也便于学校检查考核评比，学校科研室专门设计了科研手记，人手一本。手记封皮写明研究的题目、研究的方法及预期的效果，手记中的内容按4个月划分，每月摘抄与研究课题有关的理论200字左右，写一个与专题有关的案例，一个相关的教学反思。科研室每月末检查并评定等级，纳入学校的月考核中。较好的案例、反思在学校论坛上交流或发表在《金湾月报》上，或有机会向上一级推荐。学期末交相关的研究总结或论文。最后将4个月的检查等级和总结论文等级进行合成，为该教师的科研能力等级，参与该教师年终的综合考核。

3. 研究行动化：针对专题的行动研究分为三级。

第一级教师个人备课研究，集备研讨，上课、实践、反思；

第二级教研组活动研讨交流，上课、实践、评诊；

第三级学校观摩课，总结、提升、推广。

总结：将问题课题化，课题研究化，研究行动化，是以科研手记为载体，引导和规范教师教学行为及研究行为，使教师的个备、集备、教研都围绕研究专题进行，都在为提升自己服务，在达到科研促教目的的同时，最大限度地杜绝了教师时间、精力的浪费，真正为教师的发展服务（学期末当教师看到自己的研究手记时，有一种"我也行"的成就感，也往往是这种成就感促使教师在疲惫中坚持下去）。

五、成立校级骨干培训班，调动区、市级骨干教师和青年教师的积极性

我校是薄弱学校，有区级骨干3人，市级骨干2人，另有高职教师15人，其中大多数认为不管怎样，再也没有发展的空间。没有自下而上的需求就没有行为方式的改变，大家没有紧迫感，这种松散也影响到青年教师的工作情绪。为了调动这部分人和青年教师的积极性，经过层层考核，成立19个人的校级骨干培训班，学员有相应的职责、考核制度，学期末根据考核结果排序，选取一定的比例晋为校级骨干，并有一定的物质奖励。

总结：校级骨干培训班打破了教龄的界限，而青年教师的赶超欲望使区、市级骨干教师和高职教师有了紧迫感，由原来的"逼着学"，转变为现在的"我要学"。如果青年教师成为校级骨干并获奖，则达到低职高聘的目的。

教育的目的一是传承，二是发展，而发展是教育的重要属性。学校的发展依靠教师，这就需要把教师当成资源来开发，而不是当成雇员来使用。资源开发需要规划，规划又需要以人为本，作为管理者的职责之一是要善于营造一种和谐向上的气氛，并让教师知道如何做才能发展得最快。

全员育人导师制的实施方案

根据《大连市教育局关于在全市中小学实施全员育人导师制度的意见》有关精神，落实习近平总书记在2018年全国教育大会上的讲话精神，结合学校实际工作，经党支部研究，制定本实施方案。

一、指导思想和总目标

以习近平新时代中国特色社会主义思想为指导，全面贯彻党的教育方针，落实立德树人根本任务，根据《教育部关于印发〈中小学德育工作指南〉的通知》（教基〔2017〕8号）精神，在我市中小学构建起学校教师全员参与德育、全面关心学生健康成长的全员育人导师制。通过全员育人导师制引导学生学会做人，学会生活，学会学习，学会合作，全面提高学生综合素质，为学生终身发展奠定基础；通过全员育人导师制发展学生个性特长，促使学生的潜能得到充分释放和发挥，为学生自主发展提供保障；通过全员育人导师制促使全体教师切实肩负起教书和育人的职责，提高全员育人的自觉性；通过全员育人导师制，进一步提升我校德育工作的全员性、针对性和实效性，完善全员育人、全程育人、全方位育人的德育工作格局。

二、基本原则

（一）全面性原则

以促进学生的可持续发展为目标，全面、深入了解学生在理想信念、价值取向、道德品行、心理品质、学业质量、生活状态、生涯发展等各方面的情况，师生共同讨论协商确定符合学生实际的发展目标和路径，促进学生核心素养提升和全面发展。

（二）教育性原则

结合学生身心特点、接受能力和实际需求，注重主体性、渐进性、系统性、双向选择性，为学生全面发展提供良好成长空间。

（三）个性化原则

善于发现、研究学生在智能、兴趣、性格、成长经历等方面的个性差异，因材施教，因人施导，促进学生实现个性发展。

（四）发展性原则

研究、遵循学生身心发展特点及成长规律和认知规律，循序渐进，科学施导，促进学生的健康成长和终身发展。

三、主要任务

（一）思想引导

引导学生正确认识并学会处理自我、家庭、社会和国家的关系，准确理解和把握社会主义核心价值观的深刻内涵和实践要求，树立正确的世界观、人生观、价值观，为学生一生成长奠定坚实的思想基础。

（二）学业辅导

定期帮助学生进行学业分析，发现问题，提出建议，指导学生自主制订学习与发展计划。采取有效措施端正学生学习态度，激发学习动力，培养良好学习习惯，改进学习策略和学习方法，提高学习效率和学习成绩。

（三）心理疏导

通过个别谈心、座谈等多种渠道及时了解学生心理状况，疏导学生不良情绪，化解学生心理压力，引导学生正确对待成长中的挫折和烦恼，激发学生自尊、自重、自爱、自信意识，培养学生拥有阳光心态和健康向上的精神风貌。

（四）生活指导

引导学生形成良好的生活态度、正确的沟通方式和健康的生活习惯。了解学生的家庭状况，掌握学生在家庭中的表现，配合家长指导学生科学合理安排日常生活，培养学生自制、自主、自理能力。

（五）成长向导

帮助学生分析自身优缺点，全面认识自我；明确发展方向，不断完善自我；确立成长目标，真正实现自我。根据学生个性特点，做好学生生涯规划指导，为学生的终身发展引路和奠基。

四、工作流程

（一）明确责任分工

在对教师和学生现状进行充分调查研究的基础上，制定学校《全员育人导师制实施方案》。

学校成立全员导师制工作领导小组，建立由校长任组长，副书记副校长任副组长，中层干部和班主任为骨干成员的领导小组，定期研究推进全员育人导师制工作，及时推广好的经验和做法，解决存在的问题，不断把全员育人导师制工作引向深入。领导小组负责制定导师制工作制度、确立工作机制、组织实施、定期考评等工作。

各班级成立以班主任为导师组长、科任或其他教师为导师的班级导师小组，明确实施全员育人导师制的工作流程，将各项工作分解细化，落实到岗到人，确保全员育人工作扎实开展。

（二）确定学导关系

每学期由导师组组长提供班级学生成长指导需求的基本情况，导师根据学生成长需求和自身特点选择自己的施导学生，制订施导计划。重点为行为有偏差、心理有障碍、学习有困难、家庭有特殊情况的特殊学生群体开展施导。

（三）开展育人工作

育人导师通过多种途径与学生及时进行沟通交流。坚持做到七个关注：关注思想，帮助学生树立崇高的理想信念，将社会主义核心价值观内化于心、外化于行；关注身心，关心学生的身心健康，对其适时进行健康指导和心理疏导；关注学习，指导学生改进学习方法，提高学习效率，提高学习成绩；关注生活，指导学生合理安排课余生活，积极参加健康、安全的文体及社会实践活动；关注细节，留意学生言行举止的细节表现，及时进行诊断与指导；关注变化，及时发现学生的学业变化、思想及行为变化，肯定其进步表现，纠正其不当行为；关注个性，帮助学生树立正确的世界观、人生观、价值观，培养学生自尊自爱、自信自强、自我管理的能力，促进学生全面发展。

（四）实施考核评价

导师制工作领导小组根据全员育人导师制工作制度的有关评价要求，对导师组组长和导师的工作进行期末评价，在年度考核时既考察教师的教学工作，又考察其育人工作。通过导师自评互评、班主任评价、学生及家长评价等多种形式，采取定性与定量、过程与结果相结合的方法，对导师工作进行客观公正的评价和考核。对优秀导师要通过多种形式给予表彰奖励，宣传、推广其先进经验，对工作不力的进行帮扶指导，不断提升导师队伍育人水平。

五、建立制度

（一）建立育人档案制度

导师工作档案内容包括导师与学生交流记录、学生学业进步情况、学生整体素养评定等。学生成长档案内容包括学生家庭及社会关系情况，学生的个性特征、行为习惯、道德修养、学业状况、兴趣爱好等情况。

（二）建立谈心汇报制度

导师要及时了解学生的思想动态，坚持每周至少与学生个别谈心一次，在学习方法、生活、行为等方面帮助其制定切实可行的计划，并监督其执行。学生要主动向导师汇报生活学习情况，以书面或者面谈的形式定期向导师汇报。

（三）建立学情会商制度

班主任于学期初、学期中和学期末分别对班级学生的有关情况进行分析评判。学期初会商为导师新学期工作提供指引；学期中，导师与班主任保持随时沟通，就学情情况开展深度交流，提高施导效果，改进施导策略；学期末会商，共同研究施导经验，促进班级管理和导师工作的协调推进。

（四）建立家校联系制度

导师要根据工作需要，密切与家长联系，反馈学生的在校表现，了解学生在家情况，取得家长的配合和支持，帮助和指导家长改进家庭教育，共同探索有利于促进孩子健康成长的有效方法。每学期育人导师与学生家长联系沟通不少于2次。

第三章　有机整合的校本课程

在课程整合与完善中促进学生的健康发展

课程有广义和狭义之分。狭义的课程是指教学科目。广义的课程指为了实现培养目标而规定的所有教学科目或者在教师指导下各种活动的总和，即只要有活动目标、活动内容、活动的组织实施和活动评价，就是课程。

辽教发〔2016〕91号文件明确提出了深化课程改革任务的主要框架，即"加强课程建设、优化课程结构、深化教学改革、推进评价改革"，其中加强课程建设中要求"统筹国家课程、整合地方课程、完善校本课程"，优化课程结构中要求"突出德育课程、强化实践课程、灵活安排课程"。

根据国家和省市的文件精神，我校以满足"学生全面发展和个性发展"的需求为中心，将国家课程与地方课程进行整合化处理，并与校本课程整合，构建"内容全而不繁，育人功能协同"的课程体系，如下：

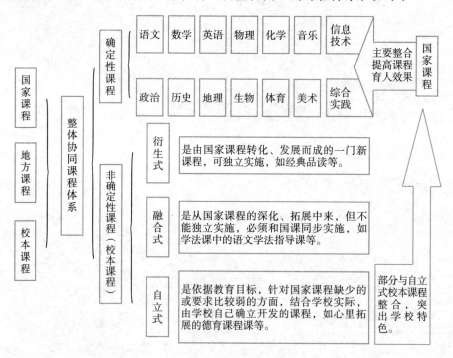

落实了整体协同的课程体系，即是突出了"德育为先，能力为重，协同发展"的办学理念，落实"培养品德优秀、习惯良好、特长突出的中学生"的办学目标，践行"为学生终生发展奠基"的办学宗旨，促进"德育课程化"的特色发展。

一、与地方课程整合的过程中，提高国家课程的综合育人效果

地方课程是国家基础教育课程体系的重要组成部分，是根据地方经济和社会发展的实际需要，体现地方特色，拓展或延伸国家课程的相关内容，为满足地方对学生发展的具体要求而设置的必修课程。

地方课程的主要内容由两部分组成：一是省情教育，包括魅力辽宁、滨城大连、传统文化；二是专题教育，包括人与自我、人与自然、人与社会。地方课程目标共计五条，具体如下：

1. 培养学生热爱家乡、振兴辽宁的责任感和使命感；
2. 增进学生对自然、社会、自我的认识和理解；
3. 形成适应当代社会的健康生活态度和方式；
4. 发展学生兴趣爱好特长，拓展学生视野；
5. 培养科学精神和人文素养，形成初步创新精神和实践能力。

从地方课程的教学目标看，主体上是淡化知识体系，强化态度、情感、价值观教育，这就要求在与国家课程整合的过程中不盲目、不过度。在国家课程教学目标达成的情况下，通过一个或者几个学科教师的共同努力，先梳理地方课程与国家课程内容的相关性，再根据内容的相关性整合设计主题活动，借助活动体验，在强化国课知识、能力运用的同时，培养学生"自主发展、合作参与、创新实践"的关键能力和"个人修养、社会关爱、家国情怀"必备品质，进而提高课程的综合育人效果。

二、与地方课程整合的过程中，完善校本课程，促进学校特色的发展

校本课程是依据学校的具体情况进行开发的课程，一是补充和完善国

家课程，二是在这个过程中突出学校特色。

依据教育目标，针对国家课程缺少的或要求比较弱的方面，结合学校实际，我们主要在自立式校本课程中，着力开发养成性教育课程，通过课题牵动，逐步推动学校"德育课程化"特色的发展。

（一）构建校本德育课程协同体系，促进学生品行的健康发展

"十二五"期间，通过"校本德育课程协同，促进学生健康发展"的课题研究，遵循中学生的身心发展、素质养成等规律，构建校本德育课程协同体系：将三级课程整合，从德育的角度，构建德育三类课程，即德育活动课程、德育渗透课程、德育学科课程。如下图所示：

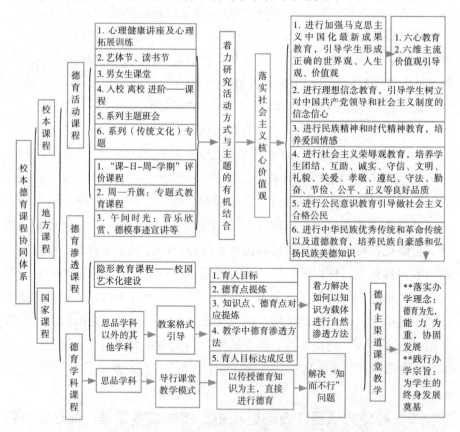

（二）构建阶段连续德育课程体系，促进学生品行的有序发展

"十三五"期间，在"十二五"德育课程研究基础上，进行"过程连续德育课程体系的构建与实施"市级课题研究。

目前学校德育存在的主要问题是针对性不强，而冷冉先生在20世纪80年代提出"德育过程阶段说"，给了我们极大的启发。其德育阶段大致分为幼儿阶段的好孩子教育、小学阶段的好学生教育、初中阶段的好公民教育、高中阶段的革命人生观教育四个阶段。他的人的社会适应说""德育过程阶段说"和"优势诱导说"构成"阶段连续"的德育体系，其核心思想是要"培养自主发展的人"。他提出："由生物个体的人演进到社会主体的人，所经历的是'积极的社会适应、自觉的意识统一和能动的自我控制'这样的互融递进的社会化的过程。""人的社会化呈现着阶段性和连续性。学校教育应遵循学生发展的个性差异和阶段规律，分阶段有针对性地安排德育内容、途径和方法。各个阶段既是独立的，又是互相联系的。前一阶段是后一阶段的基础，后一阶段是前一阶段的必然发展。"

基于冷冉先生"德育过程阶段说"的理论研究，分析初中三个年段的德育特点，结合学生实际，才能有针对性地实施德育内容，尽可能补偿作为"好孩子、好学生"的德育欠缺，在此基础上强化"好公民"的德育素养，才能切实提高初中德育的实效性，进而为落实立德树人的根本任务奠定基础。

初中阶段是人成长过程中承上启下的关键期，思维在这个阶段趋向完善发展，性格在这个阶段初步确立，"三观"在这个阶段有了初步的认知并初步形成自己的价值判断体系。初中生的心理活动往往处于"成熟与幼稚交替的矛盾状态"，这些"成熟与幼稚"的表现，在初中三个年段又是各有不同：

初一年段是起点，其特点是"新异与陌生"。

首先，环境的新异与陌生。

初一新生怀着兴奋、自豪的心情跨进中学的校门，看到的是新的校园，他们对周围的一切无不充满新鲜异样的感觉，但新环境是陌生的，需要熟悉。

其次，人际关系的新异与陌生。

初一新生普遍怀有对未来中学生活的美好憧憬和进步向上的愿望，他们对新的学习生活充满新的希望，新教师、新同学，既使他们感到新朋友增多的快乐，又使他们在与人交往上感到陌生。他们渴望给新教师和新同学留下一个良好的印象。即使在小学比较调皮、学业比较落后的同学，也往往暗下决心"弃旧图新"。

最后，学习方法的新异与陌生。

小学只有语文、数学两个主科，副科也不多。进入初一后，学科增多，这些新课程，使他们有新鲜感，也有陌生感，当他们进入学习状态，方知门门功课都要考试，负担明显加重。尤其是在学习方法上，初中教师的教学方法必须适应学科增多、知识量增大的特点。实验类、操作类的课程增加，使学生感到新颖。而提纲挈领式的引导学习的方法，又使学生感到陌生不适应。有的学生以往运用的是死记硬背的学习方法，那就更不能适应突然增多的课程内容学习了。这些孩子在学习上很下功夫，可是往往取得的学习效果是事倍功半，他们在心理上出现了极大的不平衡。

初二年段的特点是"双重分化加剧"。

这里所说的双重分化，是指学业水平分化和思想品德表象上的分化。

首先是学业水平上的分化。初一学生由于学习方法的不适应，有的学生在初一下学期开始呈现下滑趋势，有的班级根据基础水平的不同，在学习上若隐若现地表现出两极分化的态势。从初一到初二要跨上一个更高的台阶，学科继续增多，难度继续加大，原先基础不很扎实或者有些关键课时没有真正学会的学生，学习上的漏点逐渐扩大，有的学生不注意及时补偿，就可能被落下来。而一旦落伍，则内心感到灰心丧气，成为"学困生"，并且"学困生"之间会互相影响。所以经过一年的学习，原先在初一成绩相差无几的学生，到初二学习成绩会出现严重的两极分化的现象。其中还有一些学生，过去一贯学习很好，但到初二也开始掉队了。

其次是思想品德表现上的分化。从生理、心理方面看，初二学生普遍进入生长发育的第二个高峰期，由于生理的变化，给这个年龄段的人的心理带来了过渡性、闭锁性、动荡性。男生逞强好胜，容易冲动，他们崇拜英雄，崇尚江湖义气，喜欢在女生面前表现自己；女生表现为爱漂亮，讲究打扮，多愁善感。初二年段的学生还缺乏对真、善、美和假、丑、恶的分辨能力，又容易受到外界的不良影响，因此早恋、出走、轻微犯罪等不良行为常发生。

进入初二以后，对于一部分基础薄弱的学生来说，刚入初一时的新鲜感和神秘感消失了，又没有初三临近中考的紧迫感，松懈的情绪逐步蔓延；一些基础比较好的学生，思想更加成熟，他们积极靠拢共青团组织，争取进步，在班上成了教师的得力助手；还有极少数学生，由于学业跟不上而丧失努力的信心，甚至自暴自弃。这些孩子如果没有及时得到有效的帮助，或被社会上的坏人引诱，就可能越变越坏，甚至滑下犯罪的泥坑。

综上所述，初二年级是学生学业水平、思想品德双重分化加剧的危险时期。

初三年段的特点是"紧张与焦虑"。

受升学、就业等严峻形式的影响，到了初三，大多数家长感觉这是到了孩子人生的三岔路口而紧张与焦虑。初三的班主任教师和任课教师，会对自己班级和任教的学生从头认真盘点，他们会根据学生的情况分别提出比以往更加严格的要求。教师和家长的紧张表现，作用在学生那里，就会使学生的紧张加剧。学生对待"紧张"的态度大不相同：以往成绩优秀的学生，会非常关注自己学习成绩微小的变化，每每发生一点儿变化，如小考成绩下降或名次略显后退，这些学生都会焦虑不安，担心自己能否如愿进入理想高中；成绩不如意的学生担心自己考不上高中，不知道自己初中毕业后能干什么，自然更加紧张，尤其是百般努力后学习成绩却起色不大，焦虑的情绪就加剧上升；少数基础差的学生被紧张而焦虑的人群包围，他们对自己更是信心不足，甚至自暴自弃，有的学生则有"乐和一天算一天"的情绪，从而导致出现早恋或者其他违反校规校纪的现象。

针对初中三个年段学生身心发展特点，结合学校的实际，我校尝试构建并实施阶段连续的德育课程体系，即"入校课程、进阶课程、离校课程"的德育课程，促进学生由"积极的社会适应"到"自觉的意识统一"，最后达到"能动的自我控制"，阶段德育的针对性提高了德育的有效性。

下面仅就"用责任开启理想之门，用奉献达成共同进步的梦想"主题班会课对学生进行理想教育、责任教育、奉献教育，谈过程连续德育课程的构建与实施情况。

表一："课程目标"连续

初一年段（入校课程）	初二年段（进阶课程）	初三年段（离校课程）
1．明确理想，确定初中三年六次考试目标。 2．明确自己的责任——为实现自己的理想"尽责任"。 3．了解"合作共赢"的道理，培养奉献精神（提高小组合作意识和师徒互助品质）。	1．再次明确或者调整理想，确定四次考试目标。 2．就原定目标的达成情况分析原因，能正确看待遇到的困难和挫折，砥砺前行。 3．理解"合作共赢"道理，培养奉献精神（小组合作意识和师徒互助品质）。	1．再次明确或者调整理想，确定最后两次考试目标。 2．就原定目标的达成情况分析原因，能正确看待遇到的困难和挫折，砥砺前行。 3．巩固小组合作和师徒互助品质，珍惜缘分和为理想奋斗的最后时机，奉献一切。

表二："课程内容"连续

初一年段（入校课程）	初二年段（进阶课程）	初三年段（离校课程）
1．现实中的各种生活和工作环境展示，明确自己的人生理想。 2．实现理想需要不懈的奋斗：通过案例分析，明确自己"课、日、周、月"应尽的责任。 3．学生讲述小组合作和师徒结对的事例，了解"奉献"的意义。	1．回顾原理想的制定过程，反思自己（目前优势与问题）。 2．分享通过努力实现理想的班级典型，让学生认识到实现理想的路途中充满艰辛，学习他们不畏困难、积极进取坚持不懈的毅力。 3．分享小组合作和师徒结对的典型事例，理解"奉献"的意义。	1．回顾原理想，了解身边人理想的达成情况，提炼总结原因——缺方法还是缺毅力。 2．立足小组合作和师徒结对的经历，从"奉献"的角度畅谈人生意义和价值体现。 3．回顾初中生活中教师、同学的并肩作战印象最深的事，珍惜缘分和初中最后为理想奋斗时光。

表三："课程实施过程"的连续

初一年段（入校课程）	初二年段（进阶课程）	初三年段（离校课程）
1．进行理想、责任、奉献教育： （1）观看图片：现实中的工作场景、生活场景，想象10年之后你的工作和生活是什么样子。	1．进行理想目标回顾、达成与否的原因分析： （1）回顾原来制定的目标； （2）现在成绩与目标相比较，感觉好的说明方法，不足的分析原因。	1．进行理想目标回顾、达成与否的原因分析： （1）回顾原来制定的目标； （2）现在成绩与目标相比较，感觉好的说明方法，不足的分析原因。

初一年段（入校课程）	初二年段（进阶课程）	初三年段（离校课程）
（2）10年后理想的工作和生活状态需要的学历支撑：985、211大学←重点高中←中考成绩←初中六次大型考试积累。 （3）每次考试，如何取得好成绩——每天学习责任的落实：每课、每天、每周（含节假日的安排）。 (4)学校和班级的小组合作、师徒结对，为理想的实现助力： 畅谈同学合作、师徒结对的学习中让"我"感动的瞬间。 班主任总结：在实现自己理想的道路上只凭自己的能力是远远不行的，你需要别人的帮助，同时别人也需要你的帮助——师徒结对的目的，小组合作的重要性。 2. 初步确定自己的理想，明确责任： （1）结合实际（依据阶段检测），制定"第一次期中考试"目标及责任（每课、每天、每周）； （2）小组交流； （3）班级展示。	2. 进行挫折教育： 分享实际生活中不畏困难、顽强拼搏、积极进取、坚持不懈的典型案例（班级为主），让学生认识到实现自己的理想的路途中充满艰辛，要正确看待遇到的困难和挫折，有坚韧不拔的毅力。明确"我的人生主宰"。 3. 奉献教育： 在实现自己理想的道路上只凭借自己的力量是远远不够的，我们需要同学间的互帮互助，相信在合作学习过程中同学心中有很多让自己感动的事。 畅谈让我感动的瞬间。 教师引导：合作的重要性、师徒结对的目的，期中考试表奖的重点是师徒和小组。 4. 再次明确或调整自己的理想，明确自己的责任： （1）结合自己实际（依据阶段检测），制定自己期中目标及责任（每课、每天、每周）； （2）小组交流； （3）班级展示； 5. 制定班级宣言（可以作为自己班级班训），学生宣誓。	2. 进行挫折教育： 分享实际生活中不畏困难、顽强拼搏、积极进取、坚持不懈的典型案例（班级为主），让学生认识到实现自己的理想的路途中充满艰辛，要正确看待遇到的困难和挫折。明确"我的人生主宰"。 3. 珍惜、奉献教育： 如何有意义地度过最后的时光： （1）讲讲教师、同学中令自己感动的事情，从小组合作和师徒结对的经历，从"奉献"的角度畅谈人生的意义和价值体现； （2）算算在校时间，珍惜每天的每一分钟，为理想做最后的备战。 4. 再次确定自己的理想，明确自己的责任： （1）结合自己的实际（依据阶段检测），先制定自己期中目标及责任（每课、每天、每周）； （2）小组交流； （3）班级展示。 5. 制定班级宣言（可作为班级班训），学生宣誓。

表四："课程总结"连续

初一年段（入校课程）	初二年段（进阶课程）	初三年段（离校课程）
理解：确定初中阶段理想的重大意义——奋斗的方向，动力的源泉。	理解：前途是光明的，道路是曲折的——为理想的实现要不怕挫折、坚持不懈地努力。	理解：人生的路很漫长，但最要紧的就那么几步。中考是"要紧几步"中的第一步，珍惜相聚的缘分，珍惜为理想奋斗的最后时光，奉献所有，让青春无悔。

表五：课程后续：阶段检测反馈的家长会

初一年段（入校课程）	初二年段（进阶课程）	初三年段（离校课程）
1．播放主题班会的流程，家长了解了初中明确理想的重要意义。 2．孩子理想实现需要教师、学生、家长三方共同努力，强调家庭配合重要性——案例。 3．了解学校做法：学校和班级的小组合作、师徒结对，为理想的实现助力——教师点评好的小组和师徒的事迹。 4．家长正确看待孩子的成绩，家长的责任是帮助孩子实现理想，是监督者，而不是替代者或者放任。 5．和孩子一起确定理想，明确责任（家长和孩子共同完成）： （1）结合自己的实际（依据月考成绩、期中考试成绩），确定初中阶段六次考试成绩的目标——填好目标单。 （2）明确为实现目标采取的措施——每天孩子和家长的责任落实：每课、每天、每周，一份贴在成长记录上，一份贴在班级。	1．引导家长客观看待孩子理想目标的达成情况： （1）和孩子回顾原定目标； （2）现在成绩与目标相比，感觉好的说明方法，不足的分析原因。 2．进行挫折教育： （1）通过典型事例，让学生和家长认识到：实现理想的路途中充满艰辛，要正确看待遇到的困难和挫折。 （2）家长面对孩子的成功或失败，扮演的是摇旗呐喊的"助威者""加油站"。 3．奉献教育 在实现自己理想的道路上只凭借自己的力量是远远不够的，我们需要同学间的互帮互助，相信在合作学习过程中同学心中有很多让自己感动的事——可以教师点评，可以学生讲体会，使家长明白我们的教育方法。 4．再次和孩子一起确定理想，明确责任： （1）结合自己的实际（阶段考试成绩），确定初中阶段四次考试成绩目标——填好目标单：有调高的有调低的，教师总结调高调低的原因。 （2）为实现理想目标，明确孩子和家长的责任：每课、每天、每周（含节假日的安排），一式两份，一份贴在成长记录上，一份贴在班级。	1．引导家长客观看待孩子理想目标的达成情况： （1）和孩子回顾原定目标。 （2）现在成绩与目标相比较；感觉好的说明方法，不足的分析原因。 2．进行挫折教育： （1）通过典型事例，让学生和家长认识到：实现理想的路途中充满艰辛，要正确看待遇到的困难和挫折。 （2）家长面对孩子的成功或失败，扮演的是摇旗呐喊的"助威者""加油站"。 3．奉献教育 在实现理想的道路上只凭借自己的力量是远远不够的，我们需要同学间的互帮互助——畅谈让我感动的瞬间。教师引导小组合作、师徒结对的重要性。 4．进行"珍惜"教育 算在校时间，本次期中考试是初中阶段的最后一次，所以要珍惜每一分钟，如此才能确保考试成功。 5．再次确定理想，明确责任： （1）结合实际（阶段考试成绩），确定初中阶段两次考试成绩目标——填好目标单：有调高的有调低的，教师的总结调高调低的原因。 （2）为实现理想目标，明确孩子和家长责任：每课、每天、每周，一式两份，一份贴在成长记录上，一份贴在班级。

（三）构建"汉字育德"的实践体系，促进学生品行的个性发展

与"传统文化进校园"和"语言文字工作"的落实相结合，2018年7月申报市级立项课题"普通中学汉字育德的实践研究"，旨在初中阶段，学校通过强化汉字教育，增强对语言文字及其蕴含的传统文化价值的深刻理解和认同，在继承和弘扬民族精神的过程中不断完善学生个人品德的教育。

繁荣中华传统文化是新时代发展要求与学校发展的新契合点。传承优秀传统文化，必须以汉语言文字的学习为基础。汉字是中国文化的脊梁，汉字的形成和发展与中国传统文化有着密切的联系。在漫漫几千年的历史进程中，汉字除了记录、运载文化，对中国传统文化还具有确证功能，即以文字来证明文化。

影响学生发展的因素是多方面的。我们通过指导学生研究汉字的来源、演变、运用，将语言文字和传统文化结合起来，有助于提升学生个人在传统文化方面的素养；通过品鉴和导行，可以提升学生对传统文化的认知，从而继承传统文化中的优秀因素，促进个体的品德发展，实现立德树人的根本目标；通过课题研究和实践，我们还将尝试建立学校教育和家庭教育的联系，促进家庭教育发展水平，有助于形成我校教育发展的大格局。

通过研究和实践，提高学生对汉字的溯源和读写水平。指导学生品鉴相关名言美篇，理解汉字的文化内涵，能够提升对语言文字的认知和对中华民族传统美德的感知，达到传承传统文化、提升学生道德品质的目标。

在实施过程中，通过评价机制的规范，班主任的管理思想和管理能力得到提升，学生的文化素养和品德素养得到提高。通过动员家长参与到对学生的培养过程，进而影响家长和家庭教育，有利于形成合力，增强教育效果。

1. 建立汉字育德的"五步法"框架体系。

（1）溯源。能够说出汉字的本源、本意和用法，能理解和掌握本汉字所蕴含的中华传统文化价值。

（2）读写。能正确读出汉字的发音，能规范地写出汉字，高端要求是

能辨识和书写各种字体（甲金篆隶楷行草）中的几种，包括繁体。在日常生活和学习中，对该汉字的读写应用把握程度比较高。

（3）品鉴。能收集到自古以来与本汉字的应用有关的名言名句以及美文美篇，正确理解其中体现的传统美德和正确思想，通过个人感悟以及传统故事进行透彻分析解读。

（4）导行。在理解领会所选汉字核心价值的基础上，能够学习和借鉴传统美德，通过规范自我言行，提升品德认知和品德意志，促进品德行为的自觉发生。

（5）弘扬。在不断的学习和实践过程中，逐渐积累品德习惯，最终形成个性化品德特点。具体做法是通过平时的认知和实践，经常将自己践行汉字文化精神的好做法写成文章进行交流或发表，能写出与此有关的优秀书法作品，进而能与家风家学相结合，并影响家人和朋友，弘扬正能量，弘扬传统文化，弘扬社会主义核心价值观。

2. 建立汉字育德评价体系。

班级内部建立评价制度，班主任结合实际开展定期评价。

学校建立学年考评制度，以"五步法"为基本模式，制定评价标准，设立五星级进阶路径，定期公布进阶名单，力争在学生毕业时达成五级水平。

汉字育德的实践研究，从"班主任班级管理一个字""教师教育教学遵循一个字""学生成长遵循一个字"到"家庭家风建设遵循一个字"，通过"溯源—读写—品鉴—导行—弘扬"五环节，促进学生品行个性化发展的，同时对师风、家风建设产生了巨大的影响。

德育工作的有效性，极大地促进了学校其他方面的发展：一所位于城乡接合部、外来务工子女近70%、10年前被定义为区内薄弱的学校，7年来，以"培养品德优秀、习惯良好、特长突出的中学生"为办学目标，坚持不懈地进行"德育课程化、课程校本化、校本特色化"研究，落实"德育为先，能力为重，协同发展"的办学理念，通过"以德促智"的工作策略，有效促进学生各方面素质的协同发展，践行"为学生终生发展奠基"的办学宗旨。目前师生面貌发生根本性转变，各项指标考核位居区内中上游，因为校风、正学风浓成为家长的选择，来访和外出做培训的次数不断增加。

教育需要创新，但更离不开基于教育规律的"基本动作"的坚守。德育课程研究的连续性，促进福佳中学在继承中有序进步，在研究中科学发展。

目前我们师生同心、家校合力、社区共建，正着力打造最美好的生活方式，那就是：和志同道合的人一起奔跑在理想的路上，抬头有清晰的远方，低头有坚定的脚步，回头有一路的故事……

附表1　"爱我家乡——魅力辽宁美丽大连"活动主题

主题	主题解读	参考国课	参考地方课
①地形地貌展美景（地理）	查找资料，实地考察家乡大连 画幅地图，介绍大连位置 主要地形（山地、丘陵、平原）的位置和分布 著名景点、地貌景观（大黑山、步云山、冰峪沟、金石滩地质公园等）	七年级上第一章第四节《地形图的判读》 八年级上第二章第一节《地形和地势》 八年级下册第六章第一节《自然特征与农业》 第二节《"白山黑水"——东北三省》	七年级《魅力辽宁》第一课地形地貌美景 八年级《魅力辽宁》第一课海域辽阔多丰饶
②大连历史小故事（历史）	调查走访，查找中国近代关于大连地区遭受甲午战争和日俄战争劫难相关资料 中日甲午战争 日俄战争	第五课中日甲午战争 第十四课中华民族到了最危险的时候 第十五课全民抗战的兴起	滨城大连（八年级）第一课殖民统治与人民反抗 滨城大连（七年级）第二课甲午风云与日俄之争
③最美大连人（道德与法治）	调查走访，寻找"最美大连人" 讲述"最美大连人"事迹 "最美大连人"品质	八年级上第四课社会生活讲美德 第七课积极奉献社会	魅力辽宁（九年级）
④大连的自然保护区及保护（生物）	查找资料，实地考察家乡大连 大连有哪些自然保护区 每个自然保护区中有哪些珍稀保护动物和植物 作为大连人我们应该如何保护本地的动植物资源和生态环境	八年级上第六单元生物多样性的保护	滨城大连（八年级）第六课自然保护区及其保护

续表

主题	主题解读	参考国课	参考地方课
⑤支柱产业助振兴（地理）	查找资料、分析整理 三大产业都是什么 辽宁东北老工业基地的发展 家乡大连的主要工业部门（石油化工、造船等）	八年级下册第四章第一节《交通运输》第二节《农业》八年级下册第六章第二节《"白山黑水"——东北三省》	七年级《魅力辽宁》第五课《产业齐全促发展》八年级《魅力辽宁》第四课《支柱产业助振兴》九年级《魅力辽宁》第五课《奋进腾飞的辽宁》
⑥大连城市记忆（历史）	实地考察身边的古代建筑、老街区，通过今夕对比，谈谈你的感受	第五课工业化的起步与人民代表大会制度的确立 第六课三大改造 第十课伟大的历史转折 第十二课对外开放 第十六课经济与社会生活的巨变	滨城大连（八年级）社会经济与文化发展工人运动与解放曙光研学旅行3细数大连知名建筑
⑦建议参观的地方	大连现代博物馆 交通信息：乘16、18、22、23、28、202、542、801、901路公交车，会展中心站下车。开放时间：每周二至周日9：00—16：30，16：00停止入馆。每周一闭馆（国家法定节假日除外），除夕日闭馆。大连自然博物馆 交通信息：801、523路博物馆终点站；23、28、202、406、901路黑石礁站，下车南行。开放时间：9：00—16：30，逢周一闭馆。该馆从2013年6月25日起闭馆改造，重新开放时间未定。		

附表2 "爱我家乡——美丽辽宁美丽大连"主题活动评价表

组别_____ 班级_____

姓名	自评	互评

附表3 活动手抄报评价考核点

评价等级	
A	内容丰富，有创新和探究思想，配有考察照片，字迹美观，有合理绘图，纸张符合要求
B	内容完整，有照片，字迹工整，纸张符合要求
C	内容较少，或无照片，字迹可以识别，无绘图，纸张不符合要求
D	手抄报未交或字迹不可识别，无绘图，纸张不符合要求

协同教育促学生健康发展

——校本德育课程协同特色的探索与实践

福佳中学根据《国家中长期教育改革和发展规划纲要（2010—2020年）》的精神，落实"德育为先，能力为重，全面发展"的工作要求，将社会主义核心价值观教育融入国民教育的全过程。福佳中学一直坚持将德育工作放在学校工作的首位，把构建校本德育协同课程体系作为学校的特色，将社会主义核心价值观内容融入德育工作当中，从而有目的、有计划、有组织地对学生施以思想的、政治的、道德的、法制的影响，落实教育方针。

一、特色定位与内涵

"协同教育"是协调对学生有影响的各个方面的力量，从不同角度对学生进行教育，以提高教育的有效性。

"校本德育课程协同"是指在"协同教育"的框架下，在对国家课程、地方课程、校本课程管理和开发的基础上，学校将德育工作纳入学校办学的整体框架之中，并形成一个完整、规范的体系。我校在"协同教育"理论的指导下，整合了国家课程、地方课程、校本课程，构建了校本德育协同课程体系。

（一）德育目标内容的协同

以《国家中长期教育改革和发展规划纲要（2010—2020年）》为指导，以"社会主义核心价值体系"为德育工作的主要内容，通过校本化处理，主要有两方面协同：

1. 思想品德方面

（1）培养学生十四维品行

即团结、助人、诚实、守信、文明、礼貌、尊师、孝敬、勤奋、节俭、遵纪、守法、公平、正义。

（2）进行六心教育

即关爱之心、感恩之心、诚信之心、合作之心、责任之心、奉献之心的教育。

（3）培养学生六维主流价值观

即自我观、亲情观、友情观、幸福观、集体观、国家观。

2. 行为习惯方面

即培养学生"端正坐、认真听、规范写、自信说、惜时、节俭、健体"等好的学习和生活习惯。

思想品德的提高与习惯的养成相互影响，相互促进。

（二）德育实施途径的协同

构建德育实施途径协同体系，实现育人方法的科学化。遵循德育"外塑、内化、内生、外行"的形成规律，构建三类德育课程，从不同的角度、用不同的方法促进学生的品行发展：

一是德育学科课程。以传授德育知识为主，制定并实施《福佳中学思品课导行操作方案》，通过案例分析引导学生进行自我反思，从而实现品行由"外塑"到"内化、内生"的过程。

二是德育渗透课程。以学科知识为载体，进行相关的德育渗透。我们编辑《学科德育渗透要点》校本教材，设计教案格式引导教师寻找"知识点和德育点"的对应关系，编制"福佳中学课堂教学评价表"，期中德育方面的考核比例占25%。

三是德育活动课程。围绕十四维品行、六心和六维主流价值观的培养，设计相关活动，包括学生入校课程、进阶课程、离校课程、以社会主义核心价值观24个字为主题的主题班会、专题讲座、体验活动等。活动主题与方式的有机结合，使学生在体验德育知识的同时，实现学生品行由"内生、内化"到"外行"的过程，从而实现育人目标。

（三）学生发展目标协同

学生个体是有差异性的，学生德智体美等方面的发展不可能都在同一水平上，但必须保证学生的品行发展都达到要求，并在优良品行的作用下，促使学生智育、美育等其他诸方面达到自己的最大限度，并反过来促进品行的进一步提高。

二、特色探索与实践

（一）课堂教学——发挥主渠道作用

课堂教学在学校中的工作比重最大，用时最多，要落实德育效果，必须充分发挥课堂教学这一主渠道的作用。

1. 德育学科课程

即思想品德课，由思品教师制定并实施《福佳中学思品课导行操作方案》。"导"即教师在思品课上的教育、引导；"行"即学生受教育引导后，通过自己品行反思而达到的由"内化"到"外化"的过程。在评价思品教师工作效果方面，学校最看重的不是试卷上的分数，而是学生日常品行的变化。

2. 德育渗透课程

语文、历史、数学、地理、音乐等任何一门学科都有德育的功能，甚至教师课堂上的言行举止都对学生品行有着潜移默化的影响。我们编辑《学科德育渗透要点》校本教材供教师备课参考，设计教案格式引导教师寻找"知识点和德育点"的对应关系，制定"福佳中学课堂教学评价表"，其中"德育渗透"评分占25%，即一节好课必须是"知·德"合一的课。现在德育渗透已经成为教师备课、上课和学校考核的一项重要工作。

（二）实践活动——践行德育要点

围绕十四维品行、六心和六维主流价值观的培养，设计相关活动，目的在于让学生在活动中体验德育内涵、践行德育要点。包括学生每天上下学坐车、大课间操大扫除工作，都是我们的德育活动课程内容。

（三）有序评价——促进学生发展

走进学生中，你会感受到学生因为有序、有效的评价而产生的向上动力。

1. 课评——利用课堂小组合作学习，调动学生的听课状态。从上课回答、课后作业等方面进行评价，各组长记录每学科得分情况。

2. 日评——放学前，小组长统计当日组员的表现进行评价，班长汇总并写到小组合作考核展板上。

3. 周评——周五第八节课，由班主任组织，进行组内周评、小组互评、全班总评，评出学科优秀小组、学科进步小组和班级优秀小组，粘贴"成长树"。（成长树：一棵树代表一个小组，一个分支代表一个学生，一片叶子代表一个好习惯，一个苹果代表一个好品行，一朵花代表六心之一。树越繁茂，越能表明学生或小组的优秀）

4. 月评——班主任根据四周情况进行总结、评价，表扬优秀个人或小组，对发展较慢的学生或小组提出希望和要求。

5. 学期评——学期末下发"学生品德行为测评表"，呈现给学生、家长的是十四维品行各项几何平均数，从中可以清楚地看到学生发展的弱项，进而可以有针对性地进行德育，从而提高德育的有效性。

三、特色成果与经验

（一）学生道德水平得到提升

特色建设的成果首先体现在学生的学习态度逐渐端正，习惯不断变好；更多学生志愿加入共青团或加入学校组织的志愿者团队，去社区、敬老院等公共场所参加尊老爱幼、保持公共场所卫生、帮困帮扶等活动；在家中能够自觉提升责任感，主动帮助家长、亲人做一些力所能及的家务；利用寒暑假到父母单位进行劳动体验；主动发现身边的好人好事并利用校园广播或者班会进行分享等。家长、社区对学生的变化给予了充分的肯定。

（二）教师队伍不断成长

我们通过抓骨干教师、教研组长、班主任、中青年教师、新上岗教师这些不同层面的队伍建设，提高他们参与校本研修的积极性，使之成为特色建设的有力保障。

通过特色建设，作为曾经的薄弱学校，目前各项考核居于区中上游，也涌现出在市区有影响的教研组和优秀教师。

（三）教育成果获奖情况

2011年12月8日，我校代表辽宁省在全国中小学德育工作会上做典型发言，并获得教育部颁发的德育优秀案例奖；2012年获得大连市中小学德育工作先进单位称号；2013年5月和2014年4月，我校先后承办了区、市中小学德育工作现场会；2015年4月被评为大连市特色目录学校，12月获得区德育先进单位称号；2015年5月和2016年4月分别在市级现场会上做德育课程和教学管理经验介绍，并荣获"大连市教学管理先进学校"荣誉称号；2016年10月获"大连市优秀教学管理团体"称号。

四、下阶段工作思路

以科学发展观为指导，以教育部"十三五"发展规划为工作指南，以转变教育观念为前提，以深化队伍建设为重点，以校本研修为依托，以提升课堂教学效益为突破口，以学校市级课题为抓手，落实好阶段德育工作重点。将传统文化、纪念日、志愿者服务和以核心价值观为主题的主题班会分布在全学年各个月计划当中，结合实际分阶段有序实施，从而形成完整的德育工作框架，完善学校德育工作。

初中学校德育课程化是提高德育实效的必要条件
——大连教科所顾林副所长专访福佳中学陈桂芝校长纪实

《大连教育》编者按：福佳中学（原金湾中学）在张晓力校长的领导下，经过实施"国课校本化"研究，基本上甩掉了薄弱学校的帽子。2010年9月开始，新任校长陈桂芝带领干部教师开辟了新的研究思路：为提高学校德育工作的实效性，进行德育课程化的研究。目前已取得了一定的成效。为了给广大中小学提供可借鉴的德育工作思路，大连市教育科学研究所顾林副所长在2012年9月25日对现任校长陈桂芝就学校德育课程化研究情况进行了专访，以下为专访纪实。

顾林：陈校长您好！

陈桂芝：顾所长您好！

顾林：陈校长，我们了解到福佳中学当前在研究提高德育实效性方面提出了一些新思路，也收到了较好的效果。我看过你们学校德育研究的资料，你们在学校德育课程化研究方面是很独到的，你们是怎么想到要对学校德育进行课程化研究的？

陈桂芝：我们在德育工作实践中深刻体会到，要想使学校德育工作落到实处，真正取得实效，首先必须明确学校德育工作的任务是什么，德育工作的目标是什么，德育工作的内容是什么，之后还应该选择适应学生年龄特点的德育载体，选择适应学生身心发展水平的德育方法以及与方法相适应的德育评价方法。这六个方面的问题必须融合成一个整体才可能提升德育工作的实效性。我们进行过多方面的尝试，在实践中逐步体会到只有将学校德育课程化了，德育任务才可能得到落实，如果处于随机状态，讲德育工作的实效性就是一句空话。经过研究与实践，现在我们体会到：初中学校德育课程化是提高德育工作实效的必要条件。

顾林：陈校长，您谈到学校德育工作目标问题，一般来说，国家的课程标准对各学段的学校德育工作都提出了目标要求，您学校提出的德育目标与国家规定的目标有什么联系？又有什么区别？

陈桂芝：国家对各学段学校提出的德育工作目标，是站在宏观的高度提出的，还带有很大的抽象性，学校需要根据本地区的具体情况和本学校的具体情况对国家规定的德育目标进行分解并细化，再确立经校本化处理的学校德育目标。我校德育课程化所确定的校本化德育目标，依据了7~9年级学生的身心发展特点和成长规律，确定了学校德育十四维品德行为目标和六维主流价值观目标。

学生品德行为发展的十四维目标，即团结、助人、诚实、守信、文明、礼貌、尊师、孝敬、勤奋、节俭、遵纪、守法、公平、正义。我们根据学生的年龄特点将十四维品行目标分解到三个年级，便于学校分段实施，有重点地落实。我们还根据学生的思想状况，结合社会发展的实际水平，确定了六维主流价值观发展目标，即自我观、亲情观、友情观、幸福观、集体观、国家观。由这十四维品德行为发展目标和六维主流价值观发展目标构成了既体现国家德育目标又符合我校学生实际的德育目标体系。这样的德育目标体系为学校实施德育工作确立了比较明确的方向，这样的目标体系也便于学校教师操作实施。

顾林：陈校长，您学校制定出了既符合国家目标要求，又符合你们学校实际的德育目标体系，这种德育目标校本化的思想我也很受启发。但是，按照课程设计的思想，当德育课程化的目标确定之后，应该随之确定的是与之相配的德育课程化的内容体系，请您把您学校德育课程化的内容体系介绍一下。

陈桂芝：依据《国家中长期教育改革和发展规划纲要（2010—2020年）》的规定和要求，建构学校德育课程内容的主体系。

1. 进行马克思主义中国化最新成果教育，为学生形成正确的世界观、人生观、价值观打好基础。由于初中学生的知识基础、社会经验、思维水平的局限，我们在教育过程中将人生价值观具体化为"六心"（关爱心、感恩心、荣誉心、合作心、责任心、奉献心），以"六心"教育作为世界观、人生观、价值观的奠基教育。

2. 进行理想信念教育，引导学生树立对中国共产党的领导和社会主义制度的坚定信念与信心。

3. 进行以爱国主义为核心的民族精神和以改革创新为核心的时代精神教育，培养学生对祖国尤其对社会主义祖国心怀爱的深厚之情和建设美好未来的朴素使命感。

4. 进行社会主义荣辱观教育，培养学生团结互助、诚实守信、遵纪守法、艰苦奋斗的良好品质。

5. 进行公民意识教育，引导学生树立社会主义民主法治、自由平等、公平正义理念，做社会主义合格公民。

6. 进行中华民族优秀传统教育，引导学生尊重中华民族几千年来创造并积淀的优秀文化、弘扬传统美德。

7. 进行革命传统教育，引导学生继承和发扬井冈山、延安、西柏坡等革命精神，学习和弘扬无产阶级革命家的高尚品格以及崇高精神。

8. 进行社会主义道德教育，培养正向的道德认识、道德情感和较强的道德能力、良好的品德行为。

顾林：陈校长，我认为从课程实施的角度来看，当德育课程化的目标和内容确定以后，实施德育的载体和方法是德育工作有效与否的关键。您学校是怎样选择德育载体和德育方法的？请您介绍一下。

陈桂芝：为了提高德育的实效性，我们在研究学校德育课程化的过程中，着力完善学校德育课程实施体系，努力实现校本化、特色化。学校探索构建了以"两大载体、三种模式、十种方法"为核心的学校德育课程实施体系。"两大载体"即课程载体、生活载体，"三种模式"即德育学科课程施教模式、德育渗透课程施教模式、德育活动课程施教模式，"十种方法"即道理说服法、个别谈心法、情境陶冶法、实践体验法、集体感染法、榜样引导法、经验交流法、评价激励法、两难辨析法、教者示范法。

明确德育两大载体的功能，重视生活德育的价值，增强德育工作的吸引力和感染力。

研究三种模式的实施策略。探究德育学科课程的施教模式：注重导行环节，着力解决学生"知而不行"的问题；探究德育渗透课程的渗透方法：研究如何以教学内容为载体进行相关的德育渗透；探究德育活动课程的活动方法：研究如何将活动的主题与活动的方式有效结合，方法选择正确，才能很好地落实德育主题，比如大清扫适宜培养学生的责任心而不是正义。

研究个别谈心法、集体感染法、榜样引导法、情境陶冶法等十种德育方法的适用范围等。

德育模式和德育方法主要通过三种德育课程进行实施。

一是德育学科课程，即初中思想品德课，以传授德育知识为主，直接对学生进行思想品德教育。

二是学科渗透课程，即初中思想品德课以外的其他课程。课堂是德育的主渠道，为了便于教师落实，我校开发了《学科德育渗透教师用书》，引导教师探究课堂教学如何以教学内容为载体进行相关德育渗透的有效方法。充分挖掘学科课程中蕴含的德育功能，寓德育于语文、历史、数学、地理、艺术等其他学科教学之中。

三是德育活动课程。首先，依托地方开发的3大类44门综合实践活动拓展性课程（甘井子区三大学生素质教育中心）。其次，结合地方课程开展文明礼仪教育、法制教育、安全教育、科技教育、魅力辽宁、生命教育等专题教育。再次，以"六心"（关爱心、感恩心、荣誉心、合作心、责任心、奉献心）教育为切入点，开发校本课程：一是提高道德模范言行的影响力，如每周三的德模人物故事广播，每周五的感动校园人物事迹选播；二是借助传统节假日开展系列道德话题讲座与活动；三是以体育节等活动为载体渗透"六心"。

顾林：陈校长，您谈到的初中学校德育的载体和德育方法选择，我非常赞同。但是学校实施德育还有一个如何对德育效果进行评价的问题，您学校德育课程化研究，是如何对德育实施的效果进行评价的？

陈桂芝：我们在德育课程化研究的过程中，坚持以评价促发展原则，构建学生品德评价体系，制定评价方案，编制相应的《学生品德行为测评表》。在实施评价时，以分项评价为主，呈现给学生的是十四维品德行为各项的几何平均数，便于学生明确努力的方向，便于教师、家长明确德育的重点，进而提高德育有效性。我认为评价的功能不仅仅在于考核，对学生而言，评价的最大意义在于通过评价对学生起到引导、激励作用，从而使学生的品德不断向上发展。因此我们在德育评价工作中，积极发挥学生品德评价的导向性，以评价促发展，努力实现德育评价指标系列化、评价标准与评价主体多元化、评价方法多样化，努力实现德育评价的科学化。如探索创新学生思想品德评价，我们开发了《学生品德行为测评表》等量表工具，运用多种测评方法对学生基本品德行为进行测评，效果良好。

顾林：听了您的介绍，感觉很受启发。我们也想了解一下，您通过前一段的研究有什么体会？

陈桂芝：我的体会主要有两点。第一，在实践中我感受到：初中德育工作要想取得切实的效果，必须进行德育课程化研究，这样才有利于各项德育目标的落实。因此说"德育课程化是提升初中学校德育实效性的必要条件"。第二，我体会到初中学校德育工作必须贴近学生、贴近实际、贴近生活。而学生、实际、生活又是不断变化的，所以德育工作必须要常做常新。我们将坚持改革创新，不断完善德育课程体系，实现课程与德育的有机融合，提高德育的实效性，实现课程育人目标，为学生一生的幸福奠定坚实的基础。

不断开发校本课程，构建"协同课程体系"

在学校的教育教学中，课程是教学的科目和进程，是教师教和学生学的载体。学校是永恒的，课程也是永恒的，课程的编写和不断完善也将是永无止境的。新一轮基础教育课程改革，面临许多新问题。深入、系统地研究课程，以校为本，以课堂教学为主渠道，完善基础教育课程体系，构建协同课程体系，无疑是把拓宽教育主渠道和学校特色建设合一并轨的上策。

我校按照区教育局的部署，结合本校实际，励精图治，以和谐蓄内力，以真诚求外力，走"蓄内力"和"借外力"相融合的发展之路，审时度势，科研兴校，并适时确立校本科研大课题——"构建多元协同、功能完善、学校实用的初中课程体系"。明确校本科研的方向，规范和实化校本科研的过程，通过"校本课程开发与建设""国课校本化"以及"构建整体协同课程体系"三个课题的研究，用耐心和执着精心"孵化"教育科研，逐渐形成了"课程化教育"的办学特色。经过几年的艰苦积淀，科研效果逐渐显现，教育教学质量上升的趋势已初见端倪，逐渐走上了薄弱学校"以协同课程体系带动学校全面发展"的内涵发展之路。

一、宏观布局，校准方向

方向比努力更重要。斯塔尔先生曾经说过："一个人如果知道往哪里去，全世界都会给他让路。"任何行动只要有了明确的目标，就能把自己的行动与目标不断地加以对照，进而清楚地知道自己的行进速度与目标之间的距离，行动的动机就会得到维持和加强，就会自觉地克服一切困难，努力达到目标。基于这样的认识，我们在认真领会素质教育思想精髓的基础上，努力结合学校实际，确定学校教育科研发展方向。

由于历史的原因，教学设施陈旧落后，师资队伍薄弱（其中师范本科占15%，专科占40%，市区骨干教师仅占3%），且老龄化严重，因而造成教育教学质量不高，社会声誉低下，属于软硬件"双差"的学校。2002年8月，学校引进14名师范本科毕业生，教育教学经验欠缺。硬件建设可以依靠政府投入解决，但教师队伍只能在自身的发展中不断增强"造血"机能，强基固本，提升质量。正像波士顿大学教育学院杰拉尔德·费斯所说："没有什么法律可以保证学校提供优秀的教师。"

我们努力找寻提升学校教师队伍的目标和切入点，最终决定"科研兴师"，以课题研究为牵动，提高教师的研究意识。刚开始，由于我们的目标过于空泛、远大，绝大部分教师由畏难到灰心、畏缩。"十五"初期，我校确定的课题是"培养学生的创新和实践能力"。由于研究的课题与学校师生实际情况出入较大，目标宽泛，缺少"抓手"，导致教师没有信心，学校科研真正在做的只有几个人，结果是科研工作既浪费时间、精力又不能有效地提高教师的教育、教学能力，研究成了一块招牌。面对此种情况，我校管理层进行了认真反思后认为：要因地制宜从学校和教师的需求出发确定科研课题，使课题研究真正为教师的能力提高服务，为学生的发展服务。我们坚持"问题研究课题化"的原则，确定校本科研课题，使教育教学活动围绕课题展开，在研究中培养教师的研究意识。

我们把"蓄内力"和"借外力"结合起来，一方面在校内用舆论和制度引导教师把研究做真、做实，另一方面长年聘请市教科所等专业机构的专家引领、把关，校正方向。

在经历了一段曲折的道路之后，在专家的指导下，我们确立了"校本科研"的大课题为"构建多元协同、功能完善、学校实用的初中课程体系"。分阶段设立三个子课题，并适时进行转换。

子课题一：校本课程开发与建设的实践研究（2000年9月—2005年7月）。

子课题二：国课校本化处理（2005年9月—2007年7月）。

子课题三：构建整体协同的课程体系，促进师生和谐发展（2007年9月开始）。

三个子课题相对独立，又整体成系。先分后总，目标明确，细化到位。

一个大目标由无数个小目标构成，从而形成一个历时10年的研究大周期。

二、因地制宜，小点落实

（一）乡土教材——一点开发，多向辐射

我校地处大连湾街道，与辽宁省海洋渔业集团相临。这个地区有着丰富的地质地貌、乡土民俗、海洋生物以及历史沿革等文化资源，是大连湾地区的宝贵财富。"十五"期间，我校为了补充国家课程所留下的自主空间，首先因地制宜，以"校本课程开发与建设的实践研究"为牵动，及时开发这些丰富的资源，形成了独具特色的校本教材。

几年来，我们组织部分教师、学生，在专家引领下，对大连湾地区的社会发展、历史沿革、地质地貌、动植物等社会资源进行了详细收集整理，开发整理了适应本地区学生的校本课程，编制了成系列的校本教材，建立了几百万字、几千幅图片、上百节录像资料的信息库。学校还建立了图、文、实物并茂的大型校本资源展室，并编写了一部展示说明书。学校还被大连湾街道命名为"社区德育教育基地"。

在校本课程开发的过程中，教师的观念、意识逐渐转变，研究能力得到很大的提升，尤其是参与研究的学生更是进一步了解了家乡，增强了爱家乡、爱祖国的精神意识，同时培养了他们探究学习的习惯，提高了他们学习的兴趣。

如音乐学科的《坝的制作》《看谁能填词、谱曲》等课，学生乐此不疲；社会学科的《互换角色》系列，促进了师生之间、学生与家长之间的理解沟通；《中西方文化比较》《发达地区与贫穷地区教育对比》等，使学生在鲜明的对比中得到了教育。在学生的课后论文中可以看出，通过校本课，或使学生心灵震撼，洒下泪水；或使学生兴趣盈然，回味无穷；或使学生获得意外成功，增强信心。

在此基础上，我们进一步对校本课程进行细致的归类和补充，形成了衍生式、融合式、自治式三个类型。衍生式包括大连湾地理、大连湾历史、大连湾生物、大连湾社会经济、校本美术、校本音乐等；融合式包括

学科学法研究、学生养成性教育等；自洽式包括科技小制作、中学生礼仪、踢毽、跳绳、版画、小型舞蹈、大型集体舞、篆刻、朗诵等，使校本教材更加丰满科学。

实践证明，开发学生身边的资源或开发学生最感兴趣、具有教育意义的教育资源是学生最愿意参与的教育，并且在参与过程中能迸发出极大的热情，释放出智慧的火花。

经过脚踏实地的努力，"校本课程开发与建设的实践研究"课题研究取得了丰硕的成果。此课题先后获得了辽宁省级科研课题二等奖、大连市科研一等奖；学校先后获得辽宁省课程改革先进集体，大连市、甘井子区科研先进集体等荣誉称号。

（二）国课校本化——着眼实际，拓展空间

在教师们研究意识、研究习惯逐渐形成并掌握了一定的研究方法的基础上，我校在校本研究大目标的框架下，适时调整、转换研究课题。在认真地进行了学校内部和外部的环境分析后，决定在"课程化教育"思想指导下，尝试结合本校实际，对国家课程进行补充和延展，以建构"整体协同课程体系"为载体，整合学校的各项工作。

"国课校本化"的核心任务是提升教师的专业素养，在新课程改革中，课程标准与课改教材给教师的教学处理留有很大的自主空间，严格地依纲据本根本完不成教学任务。只有认真理解课改理念，不断深入、系统地研究课程，完善校本课程，解决国家课程与办学条件之间的不相适应、国家课程与师资状况之间的不相适应、国家课程与学科发展之间的不相适应等一系列矛盾，才能使教师胸有成竹，游刃有余。

针对我校师资队伍相对薄弱，教师驾驭教材能力尚欠的情况，为了使教师"会"上课，我们开展了以课标详解、课堂知识微结构的建立及优化课堂教学模式为内容的教师三项能力的研究，并将此专题申报了"十一五"省级立项课题——"国课校本化处理的研究"。

教师三项能力研究的内容包括：

（1）课标详解

将课标中三维目标分解到每一课时中，提炼出每一课时的三维目标，以提高教师对课标的把握能力，其目的是：

①明确什么是知识目标，什么是能力目标，因为知识可以传授，而能力必须经过训练才可以形成。知识目标表述法：程度词（了解、知道、理解、掌握）+知识要点；能力目标表述法：程度词（能、会）+动词+知识要点+（解决、计算……）+问题等。

②明确目标中"程度词'的内涵，有助于教师把握教学规律，提高效率。

（2）构建知识微结构

我们把每节课中所蕴含的不同类型的知识点（概念性、原理性、方法性）称为知识微结构，寻找的过程即为构建过程，其目的是使教师找齐找全知识点，教学中做到不缺不漏。

（3）优化课堂教学模式

如果说课标详解是解决学到什么程度、练到什么程度的问题，知识微结构是解决学什么、练什么的问题，那么优化的课堂教学模式就是要结合学生实际，解决怎么学、怎么练的问题。我们研究的课型力求体现学生知识的形成规律、能力形成的过程及教学过程的可操作性，历时近一年时间，初步完成中考学科12个课型设计。

（三）德育有效性研究的内容与作用

学校的功能不仅仅是教好书，更要育好人。这就要求学校同时开展德育有效性的研究，做法如下：

（1）学科德育渗透点研究

通过分解《国家德育纲要》的八项三十条，发现80％的教育点蕴含在学科教学之中，为此引导教师开展学科德育渗透点的研究，以强化课堂育人目标。

（2）以情感、责任感为主线的研究

针对另外20％教育点，设计成校本课程，以感恩回报主题教育、学生自主管理为课题，以学生综合素质评价为载体，通过活动的实施完成学生的目标培养。

（3）构建学校德育工作课程体系，以达到德育工作规范化。

三、先分后总，构建体系

经过历时8年的艰苦探索研究，我们逐个突破，逐步完整地构建了整体协同课程体系，初步实现了育人课程化、课程校本化、校本特色化的办学思想。

整体课程体系，可以说课题内涵较大。我们依据"满足学生素质发展的需求，满足课程内容内在逻辑体系和协同关系的要求，满足学生继续学习、将来适应社会的需要"的原则，在进行了大量的前期积淀的基础上，逐步构建出协同课程体系。图示如下：

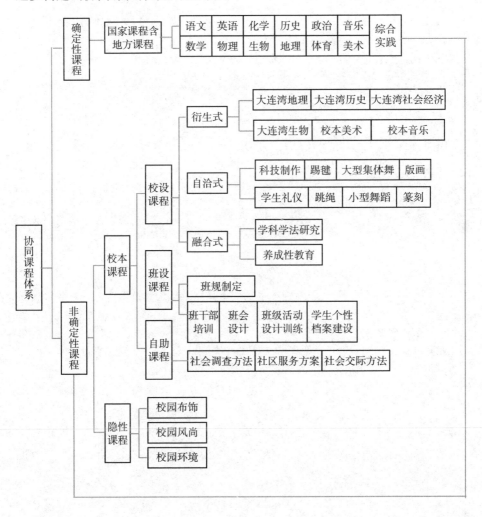

协同课程体系的构建和应用，使校本研究"化茧成蝶"，有效地促进了教育教学。

拒绝入土的种子是不会发芽的。我校由于认准了科研这条路，锲而不舍，终于彻底甩掉了薄弱学校的帽子，促进了学校的快速发展。

德育活动课程方案

一、课程活动意义

《国家中长期教育改革和发展规划纲要（2010—2020年）》中明确提出："坚持德育为先。立德树人，把社会主义核心价值体系融入国民教育全过程。"为了提高学校德育工作的有效性，近年来，我们学校在德育课程化方面深入研究，通过"育人课程化、课程校本化、校本特色化"的德育工作设计思路，并通过德育课题研究牵动德育工作，使德育工作日趋规范化。

二、课程活动目标

遵循"外塑（知）—内化（存）—内生（转）—外化（行）"的品德形成规律，通过"德育实施课程化"，促进学生在"六心（关爱、感恩、荣誉、责任、合作、奉献）""十四维品德行为（团结、助人、诚实、守信、文明、礼貌、尊师、孝敬、勤奋、节俭、遵纪、守法、公平、正义）"的发展，在"爱国报国""六维主流价值观（自我观、亲情观、友情观、幸福观、集体观、国家观）"等方面的提升。将社会主义核心价值体系融入学校各项活动中，通过一系列德育活动课程提高德育的实效性，实现课程育人目标，为学生一生的幸福奠定坚实的基础。

三、具体实施措施

（一）开展向"道德模范"学习活动，突出"六心"的主题，突出"外塑"环节。每周三中午12：00—12：20，校园广播站以感动中国十大人物和全国劳动模范事迹等为内容，以广播的形式向全校师生诵读德模先进事迹，每日两篇，内容紧扣"三观"，重大节庆日、纪念日等播放相关的德模事迹，并开展相应的德模故事观后感征文活动。同时，每学期开展以向道德模范学习为主题的主题班会活动，通过收听德模故事诵读，领会德模的优良品质，以班会发言的形式总结活动收获。

（二）开展月份德育主题活动。结合传统节假日，通过每周的升旗仪式主题和国旗下讲话让学生了解相关知识和历史意义，结合学校大厅的LED屏幕每天滚动播放相关人物的名言警句及与月份德育主题有关的文字叙述，让学生更直观地感受到月份德育活动的内容和意义所在。最后通过主题班会的讨论，让学生总结月份德育活动的收获，达到活动目的。升旗仪式每周轮换一个集体，由开学初的学校各班级轮流升旗，到学期末由各优秀社团和优秀学生组织、团体进行升旗，调动全体学生的积极性，是对学生各方面能力的一种肯定，也使得所有学生都有升旗的机会。国旗下讲话由升旗集体选出演讲能力较好的一名或几名同学，经团委审核在国旗下向同学诵读。LED屏幕内容由历史教师结合当月传统节日和重要纪念日制订内容，经政教处审核上传屏幕。每月进行两次主题班会活动，政教处于班主任会上布置班会主题并下发班会活动表，周五第八节课进行，结束后各班级上交班会材料和学生班会体会，政教处进行整合评比。

（三）开展福佳中学校园艺术节活动，即明星闪亮大舞台活动和以庆国庆、庆党的生日为主题的诗歌朗诵和合唱比赛等活动。围绕"六心"培养，通过活动加强班集体的凝聚力，培养学生合作之心、荣誉之心、感恩之心，激发学生的爱国情感和民族意识的形成。明星闪亮大舞台活动每学期进行一次，由团委组织，音乐教师负责节目的审核和排练，利用中午休息时间向全校师生演出。每年元旦期间将举行庆元旦文艺演出。每年国庆期间举行庆国庆合唱比赛，全校学生参加，各班级分别演唱一首指定歌曲和自选歌曲，由校班子成员和校务委员会评分，评选出一、二、三等奖，以及最佳指挥奖。

（四）开展福佳中学体育节活动。每年9月末开始至12月结束，通过大课间操评比、运动会、阳光体育活动等，增强学生体质，同时通过相关体育活动培养学生合作之心、奉献之心和荣誉之心。大课间操评比是围绕每年大课间操检查进行，通过集中学习、排练和展出，体现整个学校学生的精神面貌。运动会于9月末进行，通过方阵检阅评比、竞赛项目成绩、精神文明集体评比等，提高各班级的凝聚力，提高学生的集体荣誉感。阳光体育活动是根据国家提出的每天锻炼一小时活动和学生体育健康标准要求进行的拔河、跳长绳、踢毽子、12·9长跑等活动，活动从10月至12月不定期利用间操时间进行，最后由体育组审核各项比赛成绩总结出体育节各年部获奖情况。

（五）综合实践活动。学生参加区教育局组织的学军、学农、学工、秋游等活动。为培养学生综合素质，区教育局每年安排初一、初二年级学生到国防教育中心进行为期一周的学军、学农活动，学校每次安排一名中层干部和全体班主任教师以及相关课任教师全程陪同，管理学生。活动开始前进行活动动员，活动过程中严格按照基地考核标准去要求学生，及时与基地领导沟通，活动结束期间做好相应材料的整理，并对整个活动进行深入的总结反馈。学工活动主要是培养学生的动手能力和创新能力，每学期的学工活动结束后，学校都会安排学生进行各专业的技能比拼，并评选出最好的小组代表学校参加区技能大赛。

（六）开展学生社团活动。为了真正落实"以人为本"的理念，立足于学生兴趣，组建学生社团，开展丰富多彩的社团活动，促进学生自主、多元发展，积极主动地交往，于互助中共同进步，形成福佳学生的特质。社团活动于间周的周三下午七八节课进行，通过调查问卷的形式，根据学生的兴趣并结合在校教师的特长开设课程。成立专门的社团考核小组，每学期评选出优秀社团和优秀指导教师。

（七）其他活动。根据区教育局及团区委每学期下发的文件，进行相应活动，如防震减灾演习、安全知识竞赛、读书征文活动、网上留言活动、低碳环保活动等，通过学校广播和文件动员，以班级为单位进行活动思想宣传。同时，学校根据活动内容布置相应的手抄报、板报、征文等展出评比活动，让学生通过外塑、内化、内生、外化这样的过程来形成正确的"三观"（六心）概念。

四、保障措施

德育活动课程是我校德育课程体系的重要组成部分，也是我校多年来通过一系列研究和实施，认为最为直观的德育教育模式。在校领导的高度重视和亲自指导下，由政教处和团委组织，音体美组积极配合，按照学校学期工作计划认真执行，通过布置、追踪、考核三个步骤，达到预期目标，再通过学校网站、宣传栏定期向全校师生和社会各界展出活动成果，形成我校的德育活动课程体系。

德育活动课程例举

一、不忘初心　砥砺前行——2018届初三毕业生毕业主题活动方案

活动目的：通过离校课程之毕业主题活动，为即将步入考场的初三学子加油打气，让学生感受到学校的温暖，升华对母校的情感。以对母校的依恋、对教师的感激、对同学的不舍、对未来的憧憬，激励毕业生不忘母校优良传统，在新的学习、生活上更加勤奋努力，以优异的成绩回报母校的培育之恩。

第一课时：主题班会

（一）时间：2018年6月29日下午1：30—3：10

（二）地点：各班级教室

（三）主题：不忘初心　感恩前行——通过回忆，感恩母校的培养，离开学校以后，为母校争光。

（四）主持人：班主任

（五）具体程序

1. 袁校长会前动员10分钟。

2. 班主任会前动员（布置背板，最好将学生3年来的照片整理做成PPT，使学生回忆一下初中3年一路走来，从懵懂无知到趋于成熟，不要做有损于福佳中学声誉的事）。（30分钟）

3. 初三班主任、教师送祝福——戴手链，跟学生交流，鼓励学生。（30分钟）

4. 在班级喊口号表决心。

5. 整理个人物品，参加毕业典礼。

　　第二课时：毕业典礼——中国共产党诞辰97周年纪念大会暨初三毕业典礼活动方案

　　（一）活动主题：不忘初心　砥砺前行——通过纪念党的生日为初三学生祝福和壮行。

　　（二）时间：2018年6月29日下午3：20—4：10

　　（三）地点：体育馆

　　（四）参加人员：全体师生

　　（五）主持人：荣雨姗（2.1）　　王佳硕（2.5）

　　（六）策划：党支部；执行：政教处；协助：各年部、体艺组。

　　1．配乐诗朗诵：《党的光辉》（策划：徐晶，朗诵者：教师党员）

　　此篇为本次活动序幕，以配乐朗诵的形式叙述党的成立、发展、壮大的历程，表现党的业绩，坚定跟党走的信念，引导毕业生离校后坚定党领导的信心。乐曲以磅礴震撼为主，时间5分钟。

　　2．教师歌曲（策划：刘汀）

　　以豪迈的情怀歌唱中国共产党人不怕困难奋勇向前的精神，鼓励初三学生坚定今后生活的信念。时间5分钟。

　　3．优秀毕业生颁奖（策划兼指导：王丽、孙德玫）

　　（年部主任王丽致颁奖词1~2分钟，袁校长宣读名单，学生上台受奖，陈校长颁奖，合影留念，名单6月25日前报给王主任，制作证书）

　　4．舞蹈《落花情》（策划：刘昱岐；表演：学校舞蹈队）

　　展示学校舞蹈队的优美舞蹈，寄语初三牢记母校，祝福初三新生活的开始。时间5分钟。

　　5．初一大合唱《没有共产党就没有新中国》、初二大合唱《歌唱祖国》（策划兼指导：刘昱岐，初一初二全体教师分别参与班级演出）

　　6月中旬开始各班级学唱，6月26日间操初一评比，27日间操初二评比。本次活动展示末尾，初一、初二分别为初三送上祝福语（齐颂），年部主任拟定祝福语。29日当天彩排，时间6~8分钟。初三年级整体喊口号，为自己加油打气！（初三年部定）

　　6．校领导讲话，为毕业生致辞（朱银基）

此篇介绍历史选择共产党领导中国的必然，放眼历史，立足现在，以党的十九大精神为指引，以立德树人为根本，弘扬传统文化，发扬中华民族优秀品质，脚踏实地，追逐个人梦想，为实现民族复兴而奋斗。时间3分钟。

7. 初三师生配乐诗朗诵《送·别》（创作兼指导：薛邦廷、孙德玫）

此篇章师生同台，初三班主任（或+科任），学生每班一名代表，以婉转悠扬、催人心动的配乐，叙述和追忆初三学生3年的成长，共同面对的困难和成功的喜悦，突出教师"送"，学生"别"。时间5~10分钟。

8. 初一初二学生送祝福（列队），退场，送毕业生离校。（策划：政教处）

主持人朗诵，配以音乐。

备注：

1. 6月22日前上报环节2曲目和参演人员，上报环节1、7文字稿、配曲策划和参演人员，上报主持人稿，交党支部审阅；音响排练6月28日——年部主任。

人员分工：

信息报道撰稿：孙德玫

照相摄像：刘汀、隋斌等

音响：张继哲、2.4学生

微信公众号推送：王宪瑶

会场布置、条幅、拱门等：王宪瑶

现场组织：王宪瑶、舒心、王朔、班主任

2. 活动当天，教师正装、学生班服。

二、重安全，讲文明，共筑和谐校园

千里之堤，溃于蚁穴。生命之舟，覆于疏忽。安全工作是学校工作的重中之重，对学生要继续强化安全教育，不断加强校园安全管理工作，切实提高学生的安全防范意识，加强心理健康的自我教育，从自身做起，从细微做起，牢记安全责任，为建设安全文明和谐的校园环境而努力。

（一）课程时间：3月30日

（二）课程对象：全体师生

（三）课程目标：

1. 了解校园安全隐患，掌握安全知识，培养学生"珍爱生命，安全第一"的自我保护意识。

2. 促进班级和谐——关爱感恩，团结互助，培养学生的亲情意识。

3. 共筑校园和谐——文明诚信，遵纪守法，增强学生的友情意识，做文明中学生。

4. 建和谐社区——呼唤温情意识，做文明居民（初二）。

5. 构和谐社会——增强社会责任感，做文明公民（初三）。

（四）课程内容：

1. 校园中存在的安全隐患。

2. 学生饮食、就餐的安全注意事项。

3. 交通安全注意事项。

4. 用水用电用煤气安全。

5. 出去游玩中的安全。

6. 网络安全。

7. 心理健康。

8. 促进班级和谐——关爱感恩、团结互助小事分享。

9. 共筑校园和谐——文明诚信遵纪守法、学生行为规范。

10. 友好邻里建和谐社区，保护社区环境人人有责（初二）。

11. 社会和谐——公共场所言谈举止（初三）。

（五）课程实施：

第一部分（5~8分钟）

1. 说一说校园中存在的安全隐患。（班主任提示）

（1）学生集会、集体活动、课间活动、楼梯跑跳、卫生间、间操、放学下楼的安全隐患。

（2）校园隐性伤害的隐患。（行为举止、言语对别人造成的影响）

（3）总结强调：

①上下楼梯要注意什么？

a．不要因为赶时间而奔跑。

b．在人多的地方一定要扶好栏杆。

c．整队下楼时要与同学保持一定距离。

d．不要在楼道内弯腰拾东西、系鞋带。

e．上下楼靠右行。

②课间自由活动要注意安全，切忌猛追猛打、攀爬栏杆，要避免发生扭伤、碰伤等危险。

③走廊里不要跑，避免与别人发生碰撞出现危险。

④厕所内不能疯闹，避免肢体接触发生冲突。

2．学生饮食、就餐的安全注意事项。

不吃过期、腐烂食品；有毒的药物（如杀虫剂、鼠药等）要放在安全的地方。购买用竹扦串起的食物时，竹扦容易伤人，吃完不要随地丢，也不要拿竹扦玩耍。

3．交通安全注意事项。

（1）行人靠右走，过马路要走斑马线，注意观察来往车辆，红灯停，绿灯行，遵守交通规则。

（2）乘坐公交车注意事项：

①车停稳后，方能上下车。上下车时注意秩序，不要拥挤。

②乘车时，要站稳扶牢，不要把身体任何部位伸出窗外。人多时，应该注意看管好自身物品，谨防扒手。

③注意公共场所礼仪，不要大声喧哗，保持环境卫生，主动为老弱病残让座等。

4．用水用电用煤气安全。

5．网络安全（视频）：

（1）保护个人隐私。

（2）拒绝网络欺凌，不做网络键盘侠。

（3）提高防范意识，避免网络欺诈。

（4）远离不良信息，做合格小公民。

6. 出去游玩安全：

交通及游玩设施、远离拥挤处和危险处、不看热闹不围观、发生暴恐事件的危急处理办法。

7. 安全小常识分享——临危逃生的基本原则：

保持镇静，趋利避害；学会自救，保护自己；想方设法，不断求救。记住电话，随时求救："119"——火警；"110"——报警；"120"——急救；"122"——交通事故报警。

打电话时要说清地点、相关情况、显著特征。

第二部分（10~15分钟）

8. 心理健康疏导：

（1）心理不健康的危害（视频）。

（2）心理不健康产生的原因及表现——心理都有不健康的时候，是正常现象，主要是要处理及时，方法得当。

（3）心理的自我疏导：一分为二看问题，要有宽容之心，乐观向上，与朋友、家人、教师多交流倾诉。

第三部分（20~30分钟）

9. 营建和谐班集体：

（1）营建和谐班集体的重要性——同学是重要的人生财富。

（2）营建和谐班集体的方法：以班级荣誉为重——讲文明、团结、合作、关爱、感恩。

（3）相关的故事分享——多引导学生讲正面的事例。

10. 打造和谐校园——做文明中学生。

（1）营建和谐校园的重要性——校园是成长的乐园，校友是人生重要的资源。

（2）营建和谐校园的方法：荣誉感、责任感——今天我以福佳为荣，明天福佳以我为荣。

①按规矩做事。

②做遵纪守法的事。

③做符合中学生行为规范的事——共同营造和谐校园。

11. 和谐社区从我做起，做文明居民（初二内容）。

（1）爱护小区环境，看到垃圾主动拾起。

（2）邻里间要互相帮助、团结友爱。

（3）互相理解、关心支持。

（4）礼貌待人，见到邻里主动打招呼，使用礼貌用语等。

世上无小事，把小事做好成就的就是大事，希望同学们能从自己做起，从小事做起，感染身边的人，为构建和谐社区贡献自己的力量。

12. 树立社会责任意识为构建和谐社会添砖加瓦，做文明公民（初三内容）。

（1）做好本分，好好学习，以后造福社会。

（2）爱护公共环境、花草树木。

（3）在公共场所守规矩、讲秩序。

（4）有爱心，在能力范围内帮助需要帮助的人。

（5）做遵纪守法好公民。

（六）课程总结：

安全重于泰山，注意安全不但是对自己负责，更是对家人朋友负责，所以我们更应该互相监督，互相提醒，同学间应该相互关爱、团结互助，远离一切不安全隐患。同在一个学校、同在一个班级是一种缘分，要懂得珍惜，不要因为一点儿小事，影响同学间的团结，更要杜绝校园欺凌。

希望同学们不要再把自己当作小学生了，作为一名中学生，自己要更加严格地规范自己，更加自觉地约束自己！做到教师所要求的，要讲礼貌懂文明，养成良好习惯，与同学之间要和睦相处，相互竞争，共同进步！在新的校园，新的环境，我们也不要忘记注意安全。生命是美好的，生活是多姿多彩的，而拥有这一切的前提是安全。所以我们一定要时刻加强安全意识，努力增强自我防范能力，做到警钟长鸣！这样，你们才可以为你们的生活打下美好的基础。

（七）学生"重安全、讲文明，共筑和谐校园"课程反思——心理上、行为上的承诺及举措。

三、迎端午，扬传统，奋发有为：理想—诚信—责任

传统节日的形成，是一个民族或国家历史文化长期积淀凝聚的过程。中国传统节日多种多样，是中国悠久历史文化的一个重要组成部分。从远古先民时期发展而来的中华传统节日清晰地记录着中华民族丰富而多彩的社会生活文化内容，乃中华民族特有的特色节日。借助传统节日端午节，再次了解中国传统文化，帮助青少年增强节日文化理念，弘扬中华优秀传统文化。

（一）课程时间：6月15日

（二）课程对象：全体学生

（三）课程目标：

1. 了解端午节来历，了解中华博大精深的传统文化。

2. 在了解屈原的基础上，引领学生学习屈原"始终以祖国的兴亡、人民的疾苦为念"，有生命危险却不肯"赴他国寻求出路"的节操，"虽九死而犹未悔"的斗争精神。

3. 反思自己的目标、责任达成及落实情况，明确自己发展的优势、劣势，再次明确目标责任发展方向，梳理措施。

（四）课程内容：

1. 了解端午节的来历及相关习俗。

2. 了解屈原其人其事及精神，谈感受。

3. 结合屈原精神反思自己的目标责任。

（1）初一：填写"迎端午，扬传统，奋发有为"的表格。一栏：屈原精神汇总，我打算用其中哪一点作为自己的学习点；二栏：原定目标、责任；三栏：反思目标达成或者没达成的原因，反思责任没落实的诚信教育；四栏：期末目标调整。调高或者调低都是对自我认识的再明确;五栏：对应的措施。

（2）初二：在初一的基础上加一栏——设想一年后的今天，以什么样的成绩迎接中考。

（3）初三：在初一的基础上，设想4个月后在什么样的环境中学习？

（五）课程准备：提前一天布置手抄报

1. 端午节的由来、风俗习惯。

2. 了解诗人屈原（相关的故事）。

3. 找与端午节有关的诗词。

（六）课程实施：

1. 观看PPT（中国传统节日集锦）。

总结：中华民族传统节日，凝结着中华民族的民族精神和民族情感，承载着中华民族的文化血脉和思想精华。各种传统节日习俗的演变过程及各地丰富的民俗活动，都让我们从中体会到我国丰富的传统文化及深厚的文化底蕴，我们为自己生活在这样一个有底蕴、有文化、有故事的国家感到骄傲。

2. 观看PPT（端午节来历及风俗，交流有关端午节的诗词，谈谈自己家里是怎样过端午节的。）

了解屈原：交流有关屈原的故事（手抄报）。

屈原是一位爱国诗人，为了纪念他，所以有人把端午节还称作"诗人节"。从诗人屈原身上我们学到了什么？

3. 观看PPT。

总结：屈原以祖国的兴亡、人民的疾苦为念，他明知忠贞耿直会招致祸患，但却始终"忍而不能舍也"；他明知自己面临着许许多多的危险，在"楚材晋用"的时代完全可以去别国寻求出路，但他始终不肯离开楚国半步。我们应学习他坚持节操，"虽九死而犹未悔"的斗争精神，同时要学习他忧国忧民、爱国爱民的高尚品德以及矢志献身于祖国的决心。

在共产党的领导下，经过改革开放，我们国家在政治、经济、军事上不断强大（举例子），但是我们不能夜郎自大、高枕无忧，要懂得珍惜现在拥有的美好生活，珍惜身边的亲人、朋友、同学，懂得感恩，不做寄生虫，明确责任，尽最大努力做最好的自己。做合格中学生就是真的爱国。

反思、调整（填表格）。

我们着眼于眼前，珍惜幸福生活，逐步实现自己的目标，进而实现自己的理想，为弘扬祖国传统文化奉献自己的微薄之力。期末考试将近，首先应该为自己的期末考试制订目标，再次明确自己的责任。强调只有脚踏实地，认真听好每一节课，做好每一项作业，珍惜每一分钟学习时间，才会在点滴中不断进步，用成绩回报父母和教师。

（七）课程总结：

韩愈说过"民俗既迁，风气易随"。作为传统文化的基石和精髓，风俗的好坏与国家的昌盛有着密切的关系。如果说传统文化是一个皇冠，民俗是皇冠上面的宝石的话，那么传统节日就是宝石中最大最亮的那颗。让我们共同努力，使传统节日重现光彩，令传统文化薪火相传。

四、祭祖，缅怀英烈，明责任，爱家乡

（一）课程时间：4月4日—28日

（二）课程对象：全员

（三）课程目标：

1. 了解清明节来历。

2. 通过祭祖，明家史，承家风，传家训。通过了解一位或几位英烈事迹，知感恩，惜幸福，看行动。

3. 通过学工，通过地方课程与国家课程整合，在调研中实现。

实现课程协同育人：通过国家课程与地方课程的整合，巩固国家课程的同时，实现地方课程在三级课程中的桥梁和纽带作用。

培养关键能力：通过自主选题、小组合作等形式，在探究中培养学生自主发展、合作参与、创新实践的能力。

提升必备品质：通过活动，培养学生热爱家乡、振兴辽宁的责任感与使命感，在活动中逐步提升个人修养、社会关爱和家园情怀。

（四）课程内容：

1. 清明节相关内容。

2. 家风、家训、家史。

3. 家乡的相关知识。

（五）课程实施：

1. 关于清明节

（1）整理下发相关的家长月报——清明节前下发。

（2）清明节假期德育作业——手抄报。

（3）班级交流：家风家训英烈故事。

（4）手抄报评比。

2. 关于地方课程与国家课程整合的实践活动

（1）活动主题

以地貌景观、历史文化、历史名人、生物资源、支柱产业、城市发展为主线，探究以下内容：

①地形地貌展美景（地理）。

②大连历史小故事（历史）。

③最美大连人（道德与法治）。

④大连的自然保护区及保护（生物）。

⑤支柱产业助振兴（地理）。

⑥大连城市记忆（历史）。

（2）具体实施

前期收集资料：

结合政史地生及地方课所学，实地考察家乡自然人文概况及历史文化发展，了解家乡文化，感受其悠久的历史。（拍摄照片）

走出课堂，走进博物馆，生动形象地再现还原大连城市发展历程。

中期实施计划：

初二六个班级对应六大主题进行抽签，抽到1至5主题的班级对应其主题准备一篇广播稿，抽到6主题的班级制作以"城市记忆"为题的照片展。

初一、初二每个学生根据各小组所定主题制作一张手抄报。（内容包括资料整理、实地考察照片、考察的感受、自己的设想与疑问）

初三三班：升旗仪式——我爱家乡。

后期成果展示：

抽1至5主题的班级，分别对应各自的主题进行一次校园广播，让学生在听广播的过程中全面了解家乡，激发其热爱家乡的情感。

抽6主题的班级制作的照片在一楼大厅进行展览，让学生充分感受大连这座城市悠久的历史和深厚的文化底蕴。

以小组为单位对学生的手抄报进行评比与表奖。

（六）课程总结：

魅力辽宁，美丽大连，振兴东北，做文明学生、文明居民、文明公民。

五、弘扬五四精神，珍惜幸福生活

历史不是一页书签，不是已成为化石的过去，更不是时间长河中一段被截取的孤立的场景。历史是祖先的脚印，是一艘摆渡中华民族的巨轮，是一个民族曾经的精神符号的记忆，是一段段螺旋上升以助我们民族抵达一个又一个高度的阶梯。天下兴亡，匹夫有责，爱国主义是中华民族生生不息的不竭动力，是每一个中国人成就伟大人格的根本所在。

（一）课程时间：5月4日

（二）课程对象：全体师生

（三）课程目标：

1. 了解五四历史，了解国内外形势，激发民族自豪感。进行三热爱教育：爱党、爱国、爱社会主义。

2. 明确自己的责任，达成阶段考试的理想目标，做有理想的学生。

（四）课程内容：

1. 了解五四历史。

2. 了解叙利亚战况。

3. 了解中美贸易战及中国的立场。

（五）课程实施：

1. 观看PPT—课程内容展示：了解五四运动历史，通过视频谈感受。

（1）可以围绕五四运动这一爱国事件发表自己的看法。

（2）可立足现实，从学生实际谈新世纪如何赋予爱国的含义，比如从身边的小事做起，从我做起，关心他人、家庭、集体、学校、社会、国家等，努力学习。

总结：和平富强的生活来之不易，要懂得珍惜，新时代不需要我们抛头颅洒热血，但我们可以付出勤奋好好学习，长大后为祖国做更大的贡献。青春虽然是短暂的，但作为年青的一代，我们要用个人的勤奋，打造一个青春的志向，体现青春的价值，承担起历史赋予我们的责任。

2. 了解叙利亚战况，学生谈观看感受。教师引导：国家的和平，根本靠什么？学生谈谈感受。

（1）谈谈你对叙利亚战争的看法。

（2）对比自己目前的生活，又有什么样的感受。

总结：通过对比我们应该为自己能够生活在这样一个和平的国度感到自豪和骄傲，我们还能够读书、玩耍，和亲人在一起享受每天的阳光，是一件多么幸福的事。进一步增强民族自豪感，珍惜幸福生活。

3. 了解中美贸易战及中国的立场：进一步激发学生爱祖国、爱党、爱社会主义。

4. 学生结合实际，着眼于眼前，珍惜幸福生活，并明确自己目前应该怎么做——大理想化作小目标逐个实现。期中考试将近，应该为自己的期中考试制订目标，再次明确自己的理想与责任：做有理想的社会主义接班人。

（六）课程总结：

幸福是比较出来的。要知道，我们并非生活在一个和平的世界，只不过是生活在一个和平的国家。任何一个正常的中国人，在看到叙利亚的惨状后，我相信都会为自己生活在中国而感到幸福。生活在中国很幸福，至少活得安全，没有战争，不用担心爆炸枪击。我们为祖国感到自豪。

（七）课程后续：

对照理想树立目标，填写期中考试目标，标明"对照理想树目标是调高了还是调低了"。

思品课导行操作方案

一、研究的目的

（一）学科意义

新课标要求："关注学生的成长需要与生活体验，尊重学生学习与发展规律，不断丰富学生的思想情感，引导学生确立积极进取的人生态度，培养坚强的意志和团结合作的精神，促进学生人格健康发展。"逐步形成正确的善恶、美丑、是非观念。

积极心理学也倡导人类要用一种积极的心态，来激发每个人自身所固有的某些实际的或潜在的积极品质和积极力量，从而使每个人都能顺利地走向属于自己的幸福彼岸。因此，把学生的积极力量、善端和美德调动起来，引导他们学会建立起良好的个人行为就十分必要。

（二）遵循德育形成规律，实现德育的时效性原则

德育养成规律表明，德育过程只有做到"知、情、意、行"的统一才能收到预期的德育效果。它遵循着"外塑（知）—内化（存）—内生（转）—外化（行）"的品德形成规律，在注重外塑环节的同时，加强内生、内化及外化环节的考量，使学生在所学知识（道德认知）的引领下，提升学生的品德素质，培养学生健全的人格，使他们的品德行为由他律达到自律、自觉、自为的程度，从而实现学生品德的真正提升。

二、具体操作办法

（一）收集学生现实生活中的表现

在2011—2012年下学期我们采用了调查问卷的形式了解学生相关的行为问题，以便寻找教材与学生现实表现相结合的教育点，提高课堂教学的针对性和实效性。可是在实施的过程中发现，一方面问卷的设计缺乏科学

性，另一方面很多学生不是根据自己真实的认识和现实表现来回答，而是根据自己意识层面的道德认识和道德判断来回答，这样就导致收集的信息可信度降低，教育的针对性和实效性难以保证。

为了使课堂教学更能和学生的生活实际相结合，在日常生活中主要通过三种方式收集学生现实生活中的表现（不做为班级考核的依据）：

1. 和班主任及其他教师保持经常性的交流，了解学生在学习生活中表现出来的各种问题。主要方式：班主任在每个月的第二、四周的班主任例会上，提交一份学生存在的问题的汇总单给王宪瑶主任，然后由王宪瑶主任转交给政治组。

2. 经常和学生随机交流，学生对学生中存在的各种问题的了解不仅全面，而且真实。上课采用的事例常常会使学生吃惊，这样有利于课堂教学与行为引导的有机结合，使德育教育有的放矢。为了使收集信息的渠道畅通，采用班长月汇报制度，即班长每月的月底把自己班级存在的突出问题进行汇总，上交到政治组。

3. 作为实施德育教育的品德教师，我们不仅尽量把自己的目光放到学生的学习、生活场所去观察他们的现实表现，尽可能多地收集他们在行为、认识方面的问题，以便在教学中有针对性地展开教学活动，同时我们还要研究课标、教材，在搜集信息的基础上以教材为载体，做到有的放矢地授课，从而获得最大效益的德育教育效果。

（二）课堂教学模式（外塑、内化）

1. 引入主题

尽量采用收集到的学生现实生活中发生的事件（案例），以疑问或其中隐含的问题引发学生的思考，引出主题。也就是说从导入环节开始我们的引导和教育就强化针对性，解决学生现实生活中存在的问题。例如：在创建优秀班集体之后的一次课前导入，我进行了这样的提问：昨天在公交车站，我们学校的某一些同学上车后，顺手把手里的食品袋等垃圾丢到马路上，对这种行为你怎么看？你觉得此时我们可以做些什么？最好的做法是什么？我们的"集体"是否只是班级或者学校？此后据观察在公交车站就很少有学生往马路上扔垃圾了。类似的问题如乘车过程中存在的不排队、不投币等问题都在教学导入环节中采用过，也都收到了较好的教育效果。

2. 案例分析活动、讨论分享

案例分析活动：

（1）案例的选择：思品课堂教学离不开案例分析活动，首先引用学生日常生活中表现出来的典型问题或者优秀表现，然后引导学生结合自己的实际认识来交流自己的看法。

（2）在学生谈自己经历的过程中教师需要关注的问题：①学生的心理状况，如是否偏激、情绪状况等；②学生对真善美的认知度；③行为倾向是否得当；④对规则的认同度等。

（3）对教师应变能力的要求：课堂教学中重点结合学生的经历来分析，由于学生的很多认识和想法不可预测，这就对教师的应变能力、生活经验、个人的价值取向等教学智慧方面都提出了较高的要求，设计的问题有随机性，但随机并不等于随意。设计的问题既要考虑到学生在学习和生活中对问题的实际认知能力，又要通过分析活动展现学生真实的想法，重要的是随着分析活动的展开，逐步引导学生接受正确的观点，树立正确的善恶、是非、美丑的价值观念。

讨论分享：

（1）在案例分析活动的基础上，彼此交流在活动中获得的各种感受、领悟和发现，以达到相互启发、共同成长的目的，实现道德认知的内化。

（2）学生结合自己的实际来分析自身的情况，解决自身的问题。通过讨论使学生弄清自己在道德认识、行为表现上存在的偏差，促使学生去体验、思考、衡量、比较、反省、领悟。

（3）教师对学生讨论交流中出现的问题、认识上的偏差等做进一步的引导和强调。

三、"内生"及"外化"的日常行为督导办法

根据学校德育专题研究方案的要求，着力加强日常行为的引导和督

促，促使学生把所学的知识转化为学生品德结构的组成部分，并通过行动表现出品德的高尚，为营造良好的班风、校风奠定基础。着力打造三位一体的督导体系，即政教、班主任、品德课堂教学的统一。

日常行为督导的目的是道德行为由他律达到自律、自觉、自为的程度。具体做法：

据课内学习的内容，结合学校对学生日常行为进行考核的要求，引导学生做经常性的思想和日常行为的反思，促使学生自觉地对自己的行为表现进行反思和纠正。为了强化学生对道德反思小日记的重视，主要通过以下两种方式来督导：

（1）教师不定期抽查批改，对每个同学的具体认识或行为进行具体的点评和引导，突出针对性、实效性。

（2）三级展示，即对小日记进行班级内部展示、年级展示、学校展示，突出德育教育氛围陶冶、熏染的作用。

把班级后边的板报做成品德墙，在这片田地里，每个同学都是一个成长中的小树，学生养成一个好习惯就在树的枝杈上粘上一片绿叶，做了一件好事或者诚实地承认自己的错误就收获了一个善良和美德，这时就在树的枝杈上粘上一个红红的苹果。当树上长满了叶和果的时候，学生们也就形成了较好的行为习惯和品德。

（3）及时与班主任、任课教师进行沟通，发现问题及时解决。

中华传统文化教育示范基地创建活动方案

为落实《甘井子区中小学优秀传统文化教育实施方案》，结合学校实际，经过学校研究，制定本方案。

一、总体目标

以中华优秀传统文化为主要内容，以特色课程为抓手，以养成性教育为途径，以德育活动为载体，以评价为手段，开展家国情怀教育、社会关爱教育、人格修养教育，引导广大青少年增强民族文化自信和价值观自信，自觉践行社会主义核心价值观。

二、具体实施内容

（一）加强领导，系统推进中华优秀传统文化教育

1. 成立福佳中学传统文化教育领导小组，校长任组长，中层干部和班主任为成员，细化职责分工。

2. 制定福佳中学创建中华传统文化教育示范基地的工作实施方案，明确目标与内容，系统推进中华优秀传统文化教育传承体系建设，将中华优秀传统文化教育与学校现有的特色建设、文化建设、校本课程有机结合，促进学校优质内涵发展。

3. 突出以新中小学生守则为标准的养成性教育，以增强学生对中华优秀传统文化的理解力为重点，提高对中华优秀传统文化的认同度，引导学生认识我国的文化传统和基本国情，增强学生对中华优秀传统文化的自信心。

4. 将中华传统文化纳入教师培训体系，开展全员性、系统性培训，提高教师传统文化素养。

5. 校园、班级环境建设体现传统文化要素，校园精致典雅，班集体团

结和谐。

6. 发挥校园广播站、校园电视台、学校公众号等媒介作用，宣传优秀传统文化。

7. 积极申报中华传统文化教育示范基地。

（二）抓住课堂主渠道，扎实推进中华优秀传统文化教育

1. 按国家、地方课程计划，开齐、开足传统文化课程和课时。

2. 深入挖掘各门学科课程中传统文化因素，细化各学科中的中华优秀传统文化教育内涵，有机渗透中华优秀传统文化的相关内容，实现优秀传统文化教育融入课堂教学。

3. 用好市《中华优秀传统文化教育读本》，创新形式与方法，充实教育内容，提升教学效果。

（三）开展丰富多彩的实践活动，拓展优秀传统文化教育途径

1. 结合校本特色，确立福佳中学的中华传统文化特色项目是"正"，方方正正写字，堂堂正正做人。丰富和完善以特色建设、校本课程为载体的汉字文化课程，完善校园文化建设。

2. 利用升旗仪式、家长会、主题班会课程、校本德育课程、社会实践课程，结合节假日、纪念日，开展丰富多彩的传统文化教育活动。

3. 打造书法社团，培育书法人才。在全员开展书法校本课的基础上，积极选优，定期制作作品集，弘扬汉字书法文化。将书法活动列为学校艺术特长培养，以体艺2+1为载体，开展每学期一次的评价活动。

4. 有序开展对汉字的读、写、认、知的内涵理解，外化于行动，既传承方块字的认读，又传承方块字的精神内涵，导之以行，提高品行修养。各班级以汉字为载体，设定班级文化，确立班风核心价值，领会汉字内涵。在不同学期，不同时段，有效运用汉字外延，培育学生个性，使学生发展个性与班级核心文化有机统一，使班级核心文化与学校特色建设有机统一。

5. 以班级为单位，学校定期开展以汉字故事为主的演讲比赛和课本剧比赛，开展以弘扬八心八德（勤、俭、智、恒、奋、勇、群、重，仁、义、孝、敬、公、廉、忠、诚）为基调的中华传统文化。

德育渗透课程方案

一、指导思想

以《中共中央国务院关于进一步加强和改进未成年人思想道德建设的若干意见》《关于适应新形势进一步加强和改进中小学德育工作的意见》《公民道德建设实施纲要》和颁布的《守则》《规范》为指导，以基础教育课程改革实验的推广为契机，以培养学生的创新精神和实践能力为重点，以和谐、进步为主题，确立德育为首的思想，坚持与时俱进，加强德育队伍建设，创新德育方法，拓宽德育渠道，优化德育层次目标，切实加强和改进学校德育工作，进一步推进素质教育的全面实施，不断开创我校德育工作的新局面。

二、工作目标

国家教委副主任柳斌指出，把德育放在学校工作的首位，首先是对整体培养目标来讲的，其次要求每一个教师成为德育工作者，最后要求每一门学科都应当从本学科的实际和特点出发，对学生进行思想教育。

我校德育工作目标：落实《金湾中学德育实施纲要》，从"六心""十四维品行目标""六维主流价值观"的培养入手，将社会主义核心价值体系融入课堂教学、社会实践、班主任工作、校园文化、学校管理五个方面。

三、我校德育工作目标实现的途径——抓实德育的三类课程

1. 德育学科课程突出"外塑"环节：探索并构建思想品德课的司教模式，探索思想品德课的课外效应。

2. 德育渗透课程突出"外塑"环节：除了思想品德课以外的其他课程，修订《学科德育渗透》校本教材。

3. 德育活动课程突出"内化、内生、外化"环节：

（1）围绕爱国、报国情感和"六心"的培养，结合传统节假日，设计月份德育活动。

（2）升国旗方案。

（3）艺术节活动。

（4）每周一红歌学唱。

（5）体育节活动。

（6）综合实践活动课。

（7）法制、安全教育、卫生等地方课程教育。

（8）尝试建立义工服务站。

四、工作措施

（一）学科教学渗透德育要求

1. 明确掌握知识与加强德育的关系

学生掌握知识的过程是一个能动的认识过程。学生的思想状况、学习目的，对学习的积极性起着决定性作用。在教学过程中，不断提高学生的思想觉悟，引导他们把个人的学习与祖国的前途联系起来，培养他们爱祖国的品德和爱科学、学科学、用科学的热情，就能给学生以巨大的学习动力，充分调动他们学习的主动性，也就是说学科知识是提高学生思想素质的基础，而学生思想素质的提高反过来会对学生学习积极性产生积极的影响。

2. 注意课堂教学中的德育指导

学生思想品德的形成是以学科知识为基础的，是知、情、意、行的统一发展过程。其中"知"是指对思想、道德的认识，是一个学习掌握基本道德概念、原理的认识过程。课堂教学是完成智能的主要途径，当然也是向学生进行德育的主要途径。因此，学科教学加强德育工作，最主要的还是通过课堂教学这一环去完成。学生的主观能动性，强烈的学习动机和学习欲望是影响学习效果的直接原因。但学生的主观能动性不是自发产生的，而是教师教育的结果。教学中思想教育因素的发掘，学生正确思想观点的形成、思想觉悟的提高无一不是教师教育指导的结果。因此，教学中教师应根据学生年龄特征和心理特点，充分发挥教师的主导作用，注意激发学生的主观能动性，在引导学生学习知识的同时，加强德育指导，完成教书育人的任务。

3. 深入挖掘教材中思想教育因素

学科教学内容是科学性和思想性的统一。要把德育渗透于学科教学之中，就要根据学科实际，深入挖掘教材中的思想教育因素，把知识教学与思想教育有机地结合起来。

总之，只要教师在教学中明确了把德育放在首位的主观愿望，通过钻研教材，就能挖掘到教材中的思想教育因素，设计出恰当的思想教育内容与教育形式，真正做到"传道授业解惑"，即教书育人。

（二）学科教学渗透德育应注意的几个问题

1. 注意因势利导，淡化德育痕迹

有效的教育是在不知不觉中完成的。学科教师进行德育也要注意方法与效应相对应，注意改善与教育对象的关系。古人说，写文章"理不可以直指也，故即物以明理；情不可以显言也，故即事以寓情"。我们也需要研究教育的"即物明理，即物寓情"，用爱心换爱心，以信任换信任，注意因势利导，淡化德育痕迹，让德育自然而然地进行，增强德育的渗透性和效果。

2. 不牵强附会，避免生搬硬套

学科教学渗透德育，一定要按学科自身的教学特点，结合每一节课的具体内容，自然地在课堂教学渗透德育，切不可牵强附会、生搬硬套地硬性渗透，不要因为强调把德育放在首位，就非得在每一节课都戴一顶德育"帽子"，或留一条德育"尾巴"，殊不知，学科教师在课堂教学中重视的学习兴趣的激发、学习动机、学习态度培养就是德育的重要内容之一。

3. 客观、公正、尊重事实

学科教学在渗透德育的同时，还应注意客观公正，尊重事实。对学生、对事物的分析要一分为二，防止从一个极端走向另一个极端，从一种倾向转为另一种倾向。不能一说重视德育，对学生错误就以点带面，抓其一点不及其余，上纲上线，深挖思想根源，严而无格。这些做法都不是真正地重视德育。客观公正评价学生，客观公正评价社会，才能增加学生对教育的可信性，提高教育效果。因此，我们既要讲古代灿烂文明，又要讲当前建设所面临的严峻形势；既要宣传社会主义建设的辉煌成就，又要让学生看到我国与世界先进水平的差距；既要讲改革开放的意义，又要强调抵制资产阶级思想侵蚀的必要性；既要赞美祖国的名山大川，又要指出森林、古迹破坏的严重性；等等。让学生既为之鼓舞，又为之忧心，进而为国家、民族的繁荣、富强而奋斗。

4. 注意"四点"，增强效果

学科渗透德育应注意创造良好气氛，态度要真诚、热情，尊重学生，注意学生的个性特征和心理状态，从实际出发，充分准备，寻找彼此沟通的接触点。切忌主观武断，信口开河，海阔天空，缺乏重点和针对性。总之，要民主一点儿，幽默一点儿，热情一点儿，客观一点儿，才能增强德育效果。

学科德育目标是课标和中小学德育纲要的综合要求。学科教师在日常教学中应加强学习动机、学习态度、良好学风及政治思想品德、意志教育，寓德育于各科教学内容和教学过程的各个环节之中，把加强德育具体落实到教学工作的实处。

中华传统文化项目"汉字育德"实施方案

为贯彻落实中共中央办公厅、国务院办公厅印发的《关于实施中华优秀传统文化传承发展工程的意见》，教育部关于印发《完善中华优秀传统文化教育指导纲要》的通知，《国家中长期语言文字事业改革和发展规划纲要（2012—2020年）》，《国家语言文字事业"十三五"发展规划》，《教育部国家语委关于进一步加强学校语言文字工作的意见》（教语用〔2017〕1号），《大连市教育局关于进一步加强学校语言文字工作的意见》（大教〔2017〕28号）等一系列法规和文件要求，切实发挥学校教育在语言文字工作中的基础作用，根据我校实际制定本方案。

一、明确意义

1. 固本工程：优秀传统文化是我们这个国家、这个民族绵延五千年历史不断绝的重大支撑。在当今世界多元文化激荡交流融汇的过程中，如果我们不采取果断措施，人民群众不了解我们的传统文化，那么中国人的重心就会发生漂移。

2. 铸魂工程：优秀传统文化里，中国人怎么看待世界、怎么看待生命，中国人的价值观、世界观、人生观，有着非常丰富的资源，阐述得很系统。如果我们不把这些东西继承下来，在教育过程中没能让我们的学生了解、继承，他们的人生就会发生方向上的偏离。

3. 打底色工程：中国人怎么做人、怎么做事、怎么待人接物，行为方式怎么调整，优秀传统文化都有丰富的阐述。在这个方面发生问题，我们就会发生底色的亏损，所以我们要非常重视。

二、项目定位——汉字育德

固本。汉字是世界上最古老的文字之一，作为中华文化传承的载体，包含了一代代先人们的智慧结晶，是中华文化的宝贵财富。汉字不仅继承和积累了古先人们的智慧，更包含了整个悠久的中华历史文化的精髓，彰显着浓厚的历史文化气息。文字是一个民族、一个国家历史的痕迹，中国文字的演变是跳跃式的，是华丽的，是耐人寻味的，就如同中国的历史一样。中国人创造中国文字，中国文字也同样引导着中国人前进。

个性。西方现代心理学把字体当作人的性格最鲜明的体现，二十六个字母在不同的人的笔下或张扬、或犹豫、或坚定、或迟疑。一个人的性子或急躁、或起伏、或深谋远虑、或小心翼翼，都直白地流露在笔尖的墨迹里。但字体作为一种艺术却是中国独一无二的。羲献父子、颜筋柳骨、颠张醉素，汉字的字形本身是艺术，每一个汉字方方正正、筋骨扎实、结构严谨，但又易于个性的驾驭。

精神。中国的文字史里处处深深地刻着中华儿女的智慧与勤劳。中国汉字，相对于外国文字，不仅具有难得的深厚历史文化的魅力，更在有意或无意中将中华古先人的思维价值和智慧结晶包含进去，其中无论从汉字本身具有的音义、字形，还是从汉字发展过程中的艺术开发上说，汉字都是世界上独一无二蕴含着古先人对这个大千世界的认识与判断。知识时代学汉字追求的是对自然、社会和自身的整体感悟，有利于人与人、人与物、心与心、心与物交融互渗，在心物交融中，在物我两忘中，体验汉字的美妙、奥妙。

三、总目标与任务

1. 弘扬和传承中华传统文化，2019年底前创建甘井子区优秀传统文化教育示范基地。

2. 2019年底前通过上级部门的语言文字工作达标建设和验收任务。

3. 丰富和发展学校德育特色内涵，推动学校优质发展。

4. 推动教师普通话水平达标，诵读优美；汉字运用规范，书写优美。

5. 以汉字育德项目为载体，培养学生一种能力两种意识，即语言文字应用能力、自觉规范使用国家通用语言文字意识和自觉传承弘扬中华优秀文化的意识。

四、具体做法

（一）加强领导，系统推进我校中华优秀传统文化特色项目

1. 成立福佳中学传统文化教育领导小组，校长任组长，中层干部和班主任为成员，细化职责分工。以党建引领中华传统文化的传承与发展，贯彻落实十九大精神，坚定文化自信，推动中国特色社会主义文化繁荣兴盛。

2. 统筹制定福佳中学中华传统文化特色项目"汉字育德"的实施方案，进一步明确目标与任务，系统推进中华优秀传统"汉字育德"体系建设，将创建甘井子区中华传统文化教育示范基地、通过语言文字工作达标建设和验收任务与学校现有的特色建设、文化建设、校本课程有机结合，促进学校优质内涵发展。

（二）开展教师培训，提升教师对特色项目的认同感

开展全员性、系统性培训，提高教师传统文化素养。每学期进行一次板书公开展示，进行一次古诗文诵读赏析活动。

在课堂教学方面，将普通话、板书作为讲评的内容。

将普通话合格证书作为评聘的依据之一。

（三）抓住课堂主渠道，将汉字育德的内涵融入课堂

1. 按国家、地方课程计划，开齐、开足传统文化课程和课时。

2. 深入挖掘各门学科课程中传统文化因素，细化各学科中的中华优秀传统文化教育内涵，有机渗透汉字育德的相关内容，实现优秀传统文化教育融入课堂教学。

3. 用好市《中华优秀传统文化教育读本》，创新形式与方法，充实教育内容，提升教学效果。

（四）构建"汉字育德"文化体系

1. 以汉字为载体，建立学校、班级、学生三个层面的汉字育德体系，每个单位以一个汉字为核心，建立自己的汉字文化微体系，班级和学生层面可以依不同的学年进行重新选择，但每次的选择，要体现固本、个性、精神层面的价值观，即更有意义。

2. 汉字文化微体系构建标准如下：

（1）懂。能够说出汉字的本源、本意和用法，能正确读出汉字的发音。

（2）写。能正确写出汉字的各种字体（甲金篆隶楷行草，七种字体至少能学出4~5种），包括繁体。

（3）用。能运用本汉字，写出多种相关的名言、诗词，并加以解释。

（4）品。能品读与本汉字有关的美文，能写出相关书法作品，并进行审美品鉴；或者能讲出与此相关的传统故事。

（5）行。能正确理解本汉字蕴含的个性和精神，正确理解其中的优秀部分，以此引导自己在日常的生活学习中规范自己的言行，培育自身美好品德。

（6）树。能将自己践行汉字文化精神的好做法写成文章进行交流或发表，能写出与此有关的优秀书法作品，能与家风家学相结合，并影响家人和朋友，弘扬正能量，弘扬传统文化，弘扬社会主义核心价值观。

3. 构建要求

学年初，各班级班主任引导学生选出属于自己的汉字，班级和个人建立"汉字育德"传统文化档案夹（活页，班级建立统一的包含班级文化的简介，学生在此基础上填充个人资料），内容包括微体系构建的六项内容，统一格式。在汉字选择上，尽可能贴近学校的德育特色和学校文化。

（1）懂。固定格式，一页纸，查字典完成。

（2）写。固定格式，一页纸，查资料完成。

（3）用。固定格式，多页纸，可以在教师指导下日常添加。

（4）品。格式不固定，多页。根据内容选择，要有美文、有书法作品、有故事介绍，其中书法作品可以拍照打印装档。

（5）行。将自己对所选汉字的理解和做法打算写下来，定期总结。

（6）树。展示自己最好的成果，可多页。

学校建立以"德"为核心的传统文化教育简介。

在不同学期，不同时段，各班级以汉字为载体，设定班级文化，确立班风核心价值，指导学生领会汉字内涵。有效运用汉字外延，培育学生个性，使学生个性发展与班级核心文化有机统一，使班级核心文化与学校特色建设有机统一。

4. 评估与展示

学期初，班主任将本班级和学生的汉字汇集给语文教师，语文教师开展与此有关的研究和准备，利用校本课时间，指导学生完善汉字文化微体系的构建。学期中和学期末，要进行评估，以利于进一步的完善。

班级建立课本剧社团，以课本剧形式参加学校的传统文化课本剧展演，每学年一次，剧本创作编写、情景构造独立完成，要将班级文化微体系的六个方面展现出来。

升旗仪式展示。根据学校统一安排，通过诵读说唱等形式，在升旗仪式上展示班级文化，每学年一次。

举行汉字育德故事演讲比赛，以各班级推荐、初赛、决赛等形式，为学生搭建平台，展示风采。

每年的艺术节展演主题要向汉字育德方向倾斜。

每年出版一集汉字育德文化集萃和书法集，集中展示班级和学生中的优秀事迹、个人简介、书法佳品。将书法活动列为学校艺术特长培养，以体艺2+1为载体，开展每学期一次的评价活动。

每学期开展两次与此有关的班会课，有计划地推进此项工作，不断总结经验，提炼成果。学校领导小组每学期要研究该项目的工作进展情况，适时调整完善。

五、实施步骤

1. 2018年7月，完成部分试点班级，总结经验。

2. 2018年9月—2019年1月，全面推广，总结经验，初步形成成果。

3. 2019年，总结成果。申报区传统文化教育示范基地，力争通过语言文字工作达标建设和验收。

六、措施保障

1. 对特色项目中的先进个人和集体，学校定期表彰，颁发奖品。

2. 为彰显特色项目，学校投入经费，对校园文化方面进行相应的改造。

3. 建立相关的培训和考核制度，确保有关工作顺利开展。

中华传统文化项目"汉字育德"实践与体会

汉字育德——德

大连福佳中学　王　琳

一、读懂"德"（基本理解）

"德"的本意为按照自然、社会和人类客观规律去做事。不违背自然规律发展去发展社会，提升自己。

当代社会对"德"的解释是：人们共同生活及行为的准则和规范，品行，品质。

社会主义核心价值观分为建设目标、美好社会、道德规范三个层面，道德规范已经在社会角度规定了我们的道德方向，而德育则要求了学校的品德教育方向。

二、溯源"德"（正本溯源）

德，由彳、十、目、一、心组成。

彳，本义：登高、攀登。

十，指代直线，正确的标的方向。圆满，完美。古人通常数字最高用九，谦虚表示还有不圆满完美之意。

目，十下是一双眼睛，表示目光瞄准看，辨别，明了分析。

一，惟初太始，道立于一，造分天地，化成万物。始终，原始归终。

心，一下面是心，遵循本性、本心的意思。思考，良心准则。

1. 古代汉语"德"字的本义是"优点"。

2. 现代汉语认为"德"指内心的情感或者信念，用于人伦，则指人的本性、品德。儒家认为，"德"包括忠孝、仁义、温良、恭敬、谦让等。

3．当代社会对"德"的理解——简单概括：德即是对道、对自然规律的认识和理解，是人文精神的一种传播。

三、品鉴"德"（文化载体）

"厚德载物"是中国传统文化中的优秀精神遗产，也是我们构建平安和谐文化的准绳。做有德之人的首要要求就是提高我们的思想意识，因此我们要做到：

1．能说出三句座右铭。

"君子以厚德载物。"《周易·坤》

君子之行，静以修身，俭以养德——诸葛亮

三思后行，雅量容人。

2．会讲关于"德"的历史故事。

《孔融让梨》——礼让　　《将相和》——宽容

《程门立雪》——尊师　　《囊萤映雪》——勤学

3．能标准地写出楷体"德"字，认识其不同的字体。

党的十八大提出立德树人的教育思想和"德、智、体"全面发展的教育目标，"德"的地位显而易见。而近些年来以育"德"为主的教育内容一度成为教育界的热门话题，价值观的教育导向也逐渐恢复正统，逐渐承载着中华文明。因此做有"德"之人也应该是学生成长的根本目标。

四、会育"德"（内涵解读）

韩愈在《进学解》中有言："万山磅礴必有主峰，龙衮九章但挈一领。"就是告诉我们只要抓住重点，即可轻松解决问题。育"德"就是在德育的教育理念下，抓住一字作为班级管理的核心，围绕"德"字制定班级的管理政策，让班级管理有个抓手。

在古代不同的领域里"德"字有不同的含义，如儒家以"温、良、恭、俭、让"为修身五德,而兵家以"智、信、仁、勇、严"为将之五德。

班级管理重点:心正、行端(相辅相成)。

班级五德:律己、担当、倾听、尊重、合作(修身、及人)。

班训:慎言、修身。

我们的约定:

慎言:礼貌用语挂嘴边,从不打断他人言。

倾听夸赞不吝啬,以己度人做在前。

生气之时先三思,出口伤人悔三天。

尊师孝敬不顶撞,谨言慎行为人谦。

修身:踏实勤学态度正,专心听讲勤思考。

律己宽他气氛融,合作奉献少不了。

心正行端正气传,高尚高贵品质好。

戒骄戒躁责任感,修身立德要趁早。

五、践行"德"

以学律己,以己推人。

在古代每个家庭从老至小,要各正本为,各行其善道,是人类本分,是构建和谐社会的好途径。男女各以八德为做人的规范。男子八德是孝、悌、忠、信、礼、义、廉、耻,女子八德是孝、顺、和、睦、慈、良、贞、静,以此代代相传。教子婴孩,教妇初来,奠定做人的基础。强调要按道而行,对照自己,找到本为,由己及人,相辅相成。

"八德"对我们来说或许遥远,但我们可以在以教师为榜样的前提下,培养学生成为有道德的人。男生做到有高尚品质,女生做到有高贵气质。至少做到我们每个人都是美德的传播者,同时善于发现身边的美德行为。

具体方法:

1. 选择一个自己要养成的良好品德作为自己的成长目标,规范自己的言行。将成长目标写两份,一份贴在成长树上,一份压在自己的水晶板下。

2. 每周五评价课,同学互相分享自己有哪些美德之事,发现身边有哪些美德之人。参照同学们的发言，所有人自查，争取在下一周有所完善。

这是一个发现、自省、外学、内化的过程。相信经过一段时间的强化和实践，教师和学生在"德"字的践行上会有明显的成果。

学生要记住"眼中有人才有度，心中有爱才有路"。做德才兼备之人，行正气浩然之事。

汉字育德的做法经验和效果

大连福佳中学 刘 鹏

一、内容诠释

班级管理方面使用的育德核心汉字是"诚"。

诚是一个形声字。《说文》："诚，信也。从言，成声。"意谓对待人们要诚实讲信用，不搞鬼鬼祟祟的把戏和阴谋诡计。《礼记·中庸》就说："诚者天之道也，诚之者人之道也。"认为"诚"是天的根本属性，努力求诚以达到合乎诚的境界则是为人之道。又说："诚者，物之终始，不诚无物。"认为一切事物的存在皆依赖于"诚"。亚圣孟子也说："是故诚者天之道也，思诚者人之道也。"又说："反身而诚，乐莫大焉。"认为反省自己以达到诚的境界，就是最大的快乐。荀子虽"不求知天"，但也把"诚"看作是进行道德修养的方法和境界。

二、我的理念

教导学生在学习和生活中，做人要讲诚信，诚恳地接受教师和家长的教育，诚心诚意地为自己学习，对待同学要诚恳、真挚。

结合学校要求，我的做法如下：

（1）溯源。能够说出汉字的本源、本意和用法，理解和掌握本汉字所蕴含的中华传统文化价值。

以"诚"的本源、本意和用法为主题，组织学生办手抄报，要求A4纸横版，并全班展示评比，将办得较好的手抄报展示在班级墙上，全班同学随时学习。这项活动在3月份已经在班级里进行，每个同学都制作了手抄报，并进行了简单的交流和学习，通过这项活动使学生对"诚"的含义有了更进一步的理解，为以后从"诚"的角度管理班级打下基础。

（2）读写。能正确读出汉字的发音，能规范地写出汉字。

举办全班的书法展览，引导学生通过软笔书法的形式来书写"诚"字，可以是不同字体的，全班进行评比，将书写较好同学的作品进行装裱，在班级展出，作为班级文化。

（3）品鉴。指导学生理解与本汉字的有关的名言名句、美文美篇或小故事，让学生更多地理解其文化意义。

在周总结班会上，每周展示一篇"诚"的美文或小故事，学生说体会以及自己在今后如何践行。这个内容由班长和每周负责准备班会的组长准备，与学校的事实新闻一起，作为展示内容，全班学习。

（4）导行。借助这一汉字所蕴含的教育意义，重点培养学生的良好品德是：诚心学习，诚信做事，诚挚待人。

结合学校成长记录上的内容，每天从"诚心学习，诚信做事，诚挚待人"的角度分析自己的优点和不足。在日评价时，引导班级干部和组长在总结时结合班级的"诚"字，目前每天都在进行，同学之间进行交流，班主任进行评价总结。

三、取得的效果

1. 从班级角度，通过每日的日评和每周的周评，通过这样不断地渗透和深化，使学生了解了班级"诚"的理念和思想。只有在牢记的基础上才能不断地深化，并影响学生的行为。学生的变化体现在作业完成方面有进步，尤其是语文作业的完成情况有很大的进步。每次组长在总结的时候都会提到：不完成作业是不诚的表现，或者说不完成作业没有做到班级的"诚"，说明学生已经把诚字的含义延伸到认真完成作业方面了。我觉得这是一个进步和导行的体现。

2. 从问题学生转化角度看，从开学到现在，有些同学学习态度不端正，特别是英语小考不好好背。针对这一棘手的问题，我在家长会后留下了这些家长和学生，并说明了大家的共性问题，这些同学和家长都决定端正态度，认真对待小考，都写下了保证书，并说明一旦违反"诚信"，超过两次不过，家长到校监督孩子完成背诵。家长会后第一周效果较好，很多同学有明显的进步。但第二周也就是本周一有反复，决定周二时如果没有坚持，继续与家长沟通和联系，到校做思想工作，从班级的"诚"字角度，引导学生和家长信守诚信，说到做到。

"和"出成绩
大连福佳中学　董　健

"和"是什么？和，和气、和谐，就是真诚，就是关爱。俗话说和气生财，团结就是力量，足以证明"和"的重要。我是半道接班的科任教师，要想和学生关系融洽，齐心协力备战中考，"和"至关重要。而要做好这一点，我觉得教师必须付出努力。

还记得这学期上班的第一天，贺丽教师就把王效羽领到我的面前，对我说：董教师，王效羽从上中学以来，语文从来没及格过，单科影响班级的全科及格率，现在我把他交给你了。班主任的一番话让我处于发懵状态。本来这个学期我终于从干了一辈子的班主任岗位上卸任了，想好好休息休息，在毫无思想准备的情况下，面对这样一个除了知道他叫王效羽，语文从来都不及格，其他一无所知的孩子，我不知道该如何进行下一步。经过片刻的冷静之后，我决定还是从我的强项入手，春风化雨，先用我的热情拉近我们的距离。于是我让他坐下来，方便我俩面对面交谈。我没先说他语文成绩的事，而是让他说说上学期期末考试丢分的原因。从他的反思中，我渐渐了解到王效羽语文成绩不及格的主要原因是他对语文学习不感兴趣，完全没有信心。背诵默写丢分较多（说明他不愿意背诵），教师讲阅读他听不懂，更不知从何入手。了解到这些之后，我默默在心里想好了对策。于是我对他说：你是一个聪明的孩子，你很懂事，现在语文成绩不理想没关系，新学期教师会帮助你一起努力，你一定能学好语文。看着我坚定的眼神，他将信将疑地点了点头。

于是，我记住了这个叫王效羽的男孩。从开学第一天开始，我要多关注他的语文学习，上课多关注他的听课状态，根据他的语文基础，选择他能会的问题提问他，以此增强他学习语文的自信心，激发他学习语文的热情。开学第二天早晨小考默写古诗，王效羽不会背，我没有批评他，而是把他叫出教室，陪着他一起背，陪着他默写。有错误，我帮他改，再练，直到练会为止。然后我告诉他，你也能背会，只要肯努力就一定行。第二天明显能感觉出来他背了，但是还是没有全对，看着他失落的眼神，我表扬了他的进步，鼓励他再接再厉，一定能行。就这样一天天坚持关注他、陪伴他、鼓励他，王效羽慢慢有了点儿自信。我和他妈妈沟通，希望家长能协助我督促他学习语文，从每天小考入手，增强他学习语文的自信心。在他妈妈的配合下，王效羽小考成绩越来越好，有时能全对。每当这种时候，我就在班级里大肆表扬他，让他体会成功的快乐。同时我经常找时间和他谈心，鼓励他。"十一"假期到了，我找到他，告诉他放假回来就是月考，嘱咐他假期要好好复习，月考语文争取及格。经过一个月的努力，月考中王效羽果然及格了，看着王效羽那欣喜的眼神，我也很欣慰。

王效羽的阅读不好，他说完全听不懂，我就利用自习课时间领着他一篇一篇地读，一句一句地讲，直到他真正弄懂文章的内容。我教他一道题一道题练习审题，一道题一道题提炼知识点，一个题型一个题型讲答题方法。他做完之后，我再指导他规范答案。就这样一路坚持，期中考试中，王效羽考出了110分的好成绩。成绩出来以后，我看着王效羽故作镇静内心那掩饰不住的惊喜，看到孩子经过努力终于成功的快乐，看着孩子眼神中透出的自信，我感到由衷的喜悦。我知道王效羽成绩提高的同时，我也成功了。喜悦之后，我明白这还只是开始，我还需要坚持，只有我坚持下去，王效羽才能更加努力学习语文，保持住取得的成绩。我继续关注他，继续鼓励他，继续帮助他，王效羽的语文成绩越来越稳定，学习热情也越来越高涨，期末考试成绩很理想。

我们常常会感慨学生厌学、成绩不好，但是静下心来，就会发现学生之所以不愿意学习，主要是对学习不感兴趣，没有自信，如果我们能从增强学生的自信心入手，培养兴趣，让学生体会成功的快乐，学生就会发生改变！亲其师、信其道，从自身做起，真诚地去关心学生，让学生因为喜欢教师进而喜欢学所教的学科，也是一条捷径！

在合作中收获友谊，收获成长

大连福佳中学　于　杰

"人心齐，泰山移。"三人省力，四人更轻松，众人团结紧，百事能成功。国家需要凝聚力，班集体也需要团结协作的精神。为了建设积极上进的班集体，让学生在班集体中都能有所收获，有所成长，我将班级建设的精神及汉字育德确立为"合"。

"合作"在现代教育领域里有合作学习和合作管理的意思。合作说明在这个团队里的每个人都有共同的目标，团队具有目标一致性，从而产生了一种整体的归属感，正是这种归属感使得每个成员感到在为团队努力的同时也是在为自己实现目标，与此同时也有其他成员在一起为这个目标而努力，从而激起更强的工作和学习动机。因此，愿合作、会合作也应该是学生的基本素养之一。

我校提倡"六心"教育，即进行关爱、感恩、诚信、合作、责任、奉献的教育，因而育"合"就是在传统文化教育和学校德育教育的理念下，抓住一个字作为班级管理的核心，围绕"合"字制定班级学习和管理制度，使班级管理有抓手，有依据。因此，我将班级管理的目标定为：愿意合作、学会合作，合作共赢。

一、愿意付出是合作的开始

在小组合作中，总是有个别人斤斤计较：课堂交流时不发表意见；集体劳动时袖手旁观；小组得到荣誉时，有他一份；小组受到批评惩罚时，与他何干……针对这样的学生，班主任教师就要抓住契机，及时教育。

小孙是我班的小组长，学习成绩一般，平时有时爱讲话，耍小脾气。但是比较有责任感，为了激励她进步，我让她做了小组长。可是，班长有时会反馈她体育课纪律不好，批评她，她还会带头说一些消极抵抗的话。

最近，轮到他们小组值日，下午的数学课后，讲台上掉落了教师讲课的粉笔头和粉笔灰，前面的地面上也有纸屑，我顺口说："值日生清理一下前面的地面。"一分钟了，他们小组没人过来，小孙这个组长更把头压得低低的，恨不得藏到座位里面，还是他们组的另外一个女生走了出来，完成了清扫。

第二天下午，小孙语文小考不合格，单独来找我。我用平常的语气问她昨天为什么不主动清扫，她小声说："扫地不是我的活儿。"我又问是不是当时扫地女生的责任，她说不是。于是我无比惋惜地说："你看，一个多好的机会让你放过了！你完全可以利用这个机会树立你主动付出、任劳任怨的形象，进而获得大家的尊敬。"看着她先是惊讶接着惋惜的神情，我知道下次组内再有事情，她会记得挺身而出了。

期末了，班级事务繁琐，经常以小组为单位上交一些材料，如古诗配画、手抄报等，有的小组会互相推诿，这时我都会以调侃的语气说："组长在哪里？该是你们勇挑重担的时候了。"他们就会不好意思地起立，担负起任务。

一个人势单力薄，融入团队就能立于不败；一滴水很快挥发，汇入大海就成波涛澎湃。如果你是一滴水，只要你愿意融入大海，整个大海就是你的了，因为你已和整个大海融合在一起，这就是融入的力量。舍得舍得，先有舍，才有得。小组合作当中主动付出的意识也因此显得尤为重要。

二、学会交流是合作的关键

学生合作的过程中难免需要交流观点，表达意见，有时不正确的言论会影响组内团结。

小马是我得力的小组长，升入初二我给她八组组长的职务。八组比较难以管理，有习惯不好的学生，有不爱写作业屡次为小组扣分的学生，有成绩较好但不服管理的学生，而且男生居多。开学一段时间了，第八小组学习、纪律的周考核常常徘徊不前。小马努力不见起色，日评价中经常有一些消极言论出现，情绪也比较消沉。

我单独找到她，首先肯定了她的认真负责，也对她工作的不容易充分理解，同时我也问她：说灰心失望的话会让八组更好吗？你这个优秀组长难道现在要服输了吗？看着她泪水中的不甘心，我又告诉她以后换种方式总结八组工作：表扬为小组加分的同学，表扬今天行为比昨天进步的同学，让组员在组长的肯定和赞扬中进步。至于批评提建议的话可以单独说，语气要诚恳。从此后，小马改变了交流方式，第八小组组长和组员也和谐了许多。

一堆沙子是松散的，可是它和水泥、石子、水混合后，比花岗岩还坚韧。而要把一组的学生团结在一起，把一个班的学生凝聚在一起，需要我们师生有众志成城的决心，有主动付出的爱心，有善于表达的慧心，这样学生们才会在团结友爱的集体中收获友谊，收获成长。

第四章　求真务实的教育科研

浅谈冷冉教育思想的主要内容

冷冉先生的教育思想大部分形成于上个世纪70年代末80年代初，其内容是极其丰富的。笔者认为，他的主要教育思想有以下三个方面：

一、德育

德育阶段连续假说。

他的这一假说有四个要点：

其一是冷冉先生认为："德育的内容、途径和方法受着三个因素的制约——对象的社会环境与交往关系；对象身心的发展与能力的发展；对象的社会实践（行为的方式和其社会性质）。"

其二是冷冉先生认为：学校德育应当是"分阶段"的，他的具体主张是：

（一）幼儿阶段应进行"道德素质"教育，重点是"爱父母、爱伙伴、同情心、诚实、信任"等；

（二）小学阶段也应进行"道德素质"教育，重点是"自尊心、自信心、是非心、责任感、爱学习、爱劳动"等。

另外，他还认为："其他一些素质如向上心、意志力、廉耻心、美的熏陶、礼貌教育、有秩序、守纪律的训练在两个时期都是重要的。"

（三）初中阶段，"应以增强学生正确的道德观念为主，进行系统的伦理"教育。其重点教育内容是道德观念（公有观念、劳动观念、集体主义思想和人道主义精神）、伦理知识（家庭伦理——亲子关系、兄弟姐妹关系；学校伦理——师生关系、同学关系；社会伦理——交友之道、待人之道、社会公德）、道德品质（实事求是、追求真理、表里一致、光明磊落、公正无私、先人后己、刚正不阿、见义勇为）、道德情操（严于律己、宽以待人、谦虚谨慎、志存高尚）。另外还要进行民主和法制教育。

（四）高中阶段，应进行"政治思想"教育，其重点是：马列主义基本理论（社会发展基本规律知识、党和国家的历史和革命传统等）；初步的辩证唯物主义知识；爱祖国、爱人民，拥护社会主义制度和共产党领导的精神；为四化献身精神；社团生活准则、民主精神和法治观念等。

其三是冷冉先生认为：学校德育应当是连续的。

他曾说："划分阶段的实验假说，并不是要把德育的总过程划分为互相割裂、彼此无关的一些片段。相反，更强调各段之间的联系，强调前一阶段是后一阶段的基础。基础有独立的任务，基础必须打牢。但同时又认为后一阶段是在前一阶段的基础上发展起来的，后一阶段的良好发展，又可以使前一阶段得到巩固。"

总之，他主张"德育必须一步步打基础，一步步加以巩固，也就是既有阶段性，又有连续性"。

其四是冷冉先生提出了学校德育的策略——"优势诱导"。

所谓"优势诱导"是指利用教育的优势对受教育者自觉地施加影响。

冷冉先生认为："人的性格、思想感情，它是有内部动因和外部条件，以个体的活动为中介，互相作用，多次反复，才结构起来的。"在"外部条件"的诸多因素中，教育是有优势的。

教育为什么有优势呢？这是因为教育具有三个特点：第一，自觉性。办教育总是有目的的。第二，专业性。教育是"一种专门职业"，学校是"一种专门教育场所"。第三，科学性——按科学规律办事。

怎样发挥教育的优势呢？冷冉先生提出了具体建议。其中他特别强调要组织好班级教育情境——建设班集体。

班级活动是学生最直接最经常的教育情境。这种教育情境，常因班级发展水平的差异，对受教育者发挥不同的作用。

冷冉先生认为，班级发展是分阶段的，第一个阶段是"随机的集合体"，第二个阶段是"随意的集合体"，第三个阶段是"教育的集合体"——班集体。他说："教育集合体，它提供了比家庭、比团伙、比教师的说教都有效的教育情境，是最有力的优势诱导。"

二、课堂

"情知教育"假说。

冷冉先生的这一假说有三个要点：

其一是他提出了一个新的教育主张——教学的着眼点应当是"教会学生学习"。

在《谈"情知教学"》（1982）一文中，他写道："教会知识，智力就自然发展起来"或"发展了智力，就自然掌握了知识"都是不正确的。"教学的着眼点无论放在知识上，或者放在智力上都不是全面的。"

"究竟应当何处着眼？应当着眼于教会学生以最好的情绪和态度，运用最好的方法去掌握知识和发展能力。简而言之，就是教会学生学习。"

笔者理解，冷冉先生说的"教育学生学习"有三层意思：一是教学生"爱学"（教学生"以最好的情绪和态度"学习）；二是教学生"会学"（教学生"运用最好的方法"去学习）；三是教学生"学会"（教学生"掌握知识和发展能力"）。

笔者认为，他的这一主张同我国新一轮课程改革的精神是高度一致的。

其二是他提出了一种新的教学思想——"情知教学"。

他在文中写道："从学生的心理过程来分析，学习的一个方面是感觉—思维—知识、智慧（包括运用）的过程；另一方面是感受—情绪—意志、性格（包括行为）的过程。可是传统的教学理论只看重第一个过程，即认知过程，而忽略了第二个过程，即情绪、性格过程。""这种理论和我所说的教会学生学习是很难合拍的。"

"为了与传统的教学理论有所区别，我把这一新的观念叫作'情知教学'，用它表示教学应当是认知与情感的辩证统一过程。"

笔者理解，他说的"统一"体现在三个方面：一是体现在教育目标上——他说："情感与性格和知识与智力一样，同属于共产主义教育的培养目标。"

二是体现在"打基础"上——他说："它（情感与性格）与知识基础

一样，同是学习的基础。没有一定的情绪基础，如同没有一定的知识基础一样，任何新的学习便无法进行。"

三是体现在教学过程中——他说："把情与知两个客观过程有意识地统一于教学活动中，便会收到相得益彰的效果，这才算是真正的按学习的客观规律进行教学。"

其三是他提出了一个新的教学策略——"立体结构"。

"教会学生学习"是教学的着眼点，"情知教学"是一种教学思想。怎样依据"情知教学"思想，"教会学生学习"呢？冷冉先生也提出了具体的教学策略——"立体结构"。这一策略，他是在分析课堂教学信息传递方式的基础上提出来的。

他说："如果把个别授课看作是一种'点←→点'的信息交流结构形式，那么班级授课制则是'点←→面'的结构形式：教师面对全体学生，全班学生面对一个教师。这种方法把课堂的教学活动仅仅看作师生之间的交流关系，而看不到甚至禁止学生间的交流关系以及交流引起的连锁反应，更不会有意识地发展这种关系。"

"在这里，全班学生的知识程度和能力不可能完全均衡，难免有一部分学生吃不饱或吃不了，这是头一个问题。其次是教学的反馈很单薄。在同一时间教师只能提问或检查一名学生，不能及时了解自己的教学在各种学生中的不同反应。再次是从学生主动学习的角度考察：如果教师讲得过多，则学生主动学习的机会就越少；如果给予一部分学生以提问题、答问题、复述、朗诵、观察、运算的充分机会，则将有更多学生处于观望等待之中，浪费时间；如果均衡地给每个学生以同等主动学习的机会，则每个学生都将有很多时间浪费于消极等待之中。这就是'点←→面'的消极方面"。

"事实上'点←→面'结构并不是班级授课制的必然方式，而只是它的一种可能方式。因为在课堂上教师和学生的活动中时刻发生着学生之间横的交流关系以及纵横连锁反应。"

冷冉先生把在课堂教学中既有纵向交流（师生之间的交流）又有横向交流（生与生之间的交流）"纵横交叉的信息传递"方式称为"立体结

构"。

冷冉先生的这一教学思想与国际教学潮流、我国新一轮课程改革的精神是十分一致的。

三、学校管理

学校运转机制活力假说。

冷冉先生认为："学校是一个有生命力的机体。"他说："学校工作的运转不是原地不动的周而复始，而是在前进中运转的。在前进当中，学校不仅培养出一批批学生，而且自身也在发展和提高。机器只能在运转中磨损而学校则能在运转中逐渐加强，这就是活力现象。"

他的这一观点是在总结若干"较好的中小学校的办学经验"的基础上提出来的。他认为学校的活力主要表现为三种能力：

其一是自生的能力。"干部中有某些缺陷的，容易得到弥补。质量差的教师，提高得快。特别是各种骨干力量不断扩大，调走一批，不久又成长一批，而不伤元气。"

其二是同化的能力。"学校不仅在师生之间发生着教育和受教育的关系，而且整个组成了一个教育人的环境。在这里，领导与教师，教师与教师，教师与家长都存在着教育与影响的关系。尽管每年有招生、有毕业生、有人事上的调动，传统作风是不会改变的。它对那些新来的异质成分，有选择的能力，有吸收和改造的能力。"

其三是向心的能力。"这些学校的教工人员，宁肯生活苦些，一般不愿意调离工作，因为在这样学校里，人们能够发挥自己的长处，在工作中心情舒畅，感到有希望。这些学校的干部是融洽的，相互信任的，努力工作，而不必担心来自背后的拳脚。学生是爱护和关心学校的，毕业生对母校有深刻的印象和怀念之情。"

笔者认为，学校运转机制活力的核心是自生力。

冷冉先生说："在今天，为着实现四化，我们需要的不仅仅是办好一批重点学校，我们更需要使所有的中小学都有一个大幅度的进步，需要出现一个全面欣欣向荣的局面。如果找不到或者造不成学校内部的自生能力，这样的局面就很难现。"

怎样增强学校运转机制的活力呢？冷冉先生提出了具体做法——"激发各个成员的潜力"。

他说："学校的潜力、主要是智慧的潜力，这种潜力的发挥，在于人们学会思考。聪明的领导人，不是用自己的头脑去代替别人的思维的，而是能够启发人们去观察和研究问题的。"（详见《学校运转机制的活力说》）。

他的这一思想在其后来写的文章中，进一步发展具体化了——组织教师开展教育科研活动是提高学校运转机制活力的有效方法。他在《在教改中开展群众性科研活动的价值》一文中指出："身在教育第一线的校长、主任和教师从事教育科研活动""是在新的形势下培养骨干力量，造成一大批教育工作上的明白人和能人的主要途径""他能为微观教育改革提供源源不断的动力，能使一所学校、一个地方的教育改革始终保持着活力"。

笔者认为冷冉先生的教育思想与我国教育改革和发展的指导思想是一致的，他对当下的教育工作仍有现实指导意义。

普通中学"汉字育德"的实践研究开题报告

一、课题名称

普通中学汉字育德的实践研究

二、课题的界定

是指在初中阶段，学校通过强化汉字教育，增强对语言文字及其蕴含的传统文化价值的深刻理解和认同，在继承和弘扬民族精神的过程中不断完善学生品德的教育。

三、省内外研究状况述评

1. 《科技视界》2016年16期刊发张博的文章《强化汉字书写教育之我见》，文中提到"以字育人，强化汉字的教育功能"，提倡从书法教学的角度开展育人活动。以汉字为教育载体的研究，为我们提供了课题研究的基本思路。

2. 《素质教育》2017年12月总第257期刊发冯玉梅的文章《解析传统文化教育在初中语文中的渗透》，文中提到，"在初中阶段的语文教学课堂上，对于传统文化的教学内容，教师应该结合实际情况，做出有效的教学引导，帮助学生在思想上和意识上对传统文化内容产生认同感，这样对于其以后的学习发展才能起到行之有效的作用。"语文课在实施课题研究方面，应该发挥重要作用。

3. 《比较教育研究》2014年06期刊发文章《英国传统文化教育研究》，提到"英国在中小学主要通过语文、历史、地理、艺术与设计等正规课程进行传统文化教育，并通过宗教教育、行为规范的养成进行道德熏陶和绅士风范的培养，同时注重以多种形式、充分利用社会文化资源充实学校的传统文化教育"。这篇文章使我们清醒地认识到，民族传统和文化教育需要通过多学科渗透和实施，同样，课题研究也需要多学科并举。

4．2008年安徽教育出版社出版的周勇的著作《传统文化·课程开发》，以课程中的教科书编制与运用为切入口，从传统文化的角度展开讨论，旨在探索传统文化在中学各科教科书的教学设置情况以及如何利用教科书来完善中小学的传统文化教育。开展系统化、个性化、特色化教育，必须坚持和创新，必须依托校本课程建设，在实施课题研究方面，为我们提供了解决问题的途径。

上述的研究都是通过挖掘课堂教学中的传统文化教育因素，或通过开展书法等类似功能的活动课程进行的。

我们认为，汉字的形成和发展与中国传统文化有着密切的联系，在漫漫几千年的历史进程中，汉字除了记录、运载文化之外，对中国传统文化还具有确证功能，即以文字来证明文化。目前，国内普通中学中，还没有开展"通过强化汉字教育，增强对语言文字及其蕴含的传统文化价值的深刻理解和认同，在继承和弘扬民族精神的过程中不断完善学生品德的教育"的相关课题研究，也没有延伸到家庭教育方面的研究，所以，我们的研究还有很大的发展空间。

四、选题意义及研究价值

"十二五"期间，我校开展德育课程校本化的研究，初步构建了校本德育课程体系，构建了德育评价体系，为课题研究评价制度的制定和实施提供了实践支撑；"十三五"，我校确立了《阶段连续德育课程体系的构建与实施》的课题研究，致力于探索适用于初中学生生理和心理特点的阶段连续性的初中德育目标与内容体系、初中德育方法体系、学生品德评价体系，进一步明确由整体规划到具体操作，最后形成经验总结指导德育实践德育思路，提高初中德育能力。

上述两项研究，奠定了我校德育的基础性工作，我们开展"汉字育德"的实践研究课题，是对我校"十二五"成果和"十三五"课题研究的延展、丰富和完善。其主要意义和价值如下：

1. 落实国家教育发展战略，实现立德树人的根本目标。

2. 通过课题研究和实践，在提高德育实效方面，丰富和创新育人模式，提高育人效果，有效促进家庭教育的质量，有助于形成初中学校教育发展的大格局。

3. 通过指导学生研究汉字的来源、演变、运用，将语言文字和传统文化结合起来，有助于提升学生个人在传统文化方面的素养，通过品鉴和导行，可以提升学生对传统文化的认知，从而继承传统文化中的优秀因素，促进个体的品德发展。

五、研究目标

1. 通过研究，建立以汉字为载体的德育新模式，尝试探索整合学校现有资源、家庭教育资源、传统文化资源、课程资源、优秀人文资源的方法和渠道，丰富学校德育内容，完善学校德育体系，使德育工作更具针对性，突出德育个性化。

2. 通过指导教师开展研究实践，促进教师思考思想教育的有效性，探索教育个性，有利于教师形成教育风格，实现教师自身发展，更好地提高教育实效。

3. 通过研究和实践，提高学生对汉字的溯源能力和读写水平，通过学生对相关名言、美篇品鉴，深刻理解汉字的文化内涵，提升对语言文字的认知和对中华民族传统美德的感知，达到传承传统文化的自觉性，提升学生道德品质。

六、研究内容和研究重点

（一）研究内容

1. 明确教育载体。

"十二五"期间，我校建立了六心、六维、十四维品行的德育目标与内容的协同体系，近年来，又补充了具有传统文化意义的20个字。

中国汉字博大精深，蕴含丰富而深刻的意义，无论字形还是字义，有许多能够挖掘可以传承的文化精髓，犹如宝藏，隐藏着独特的德育资源。通过研究和实践，我们将更多地挖掘具有指导品德形成的有意义汉字，编制汉字育德指导手册，反过来更好地实施汉字育德。

2. 构建多维度汉字育德体系。

班级管理实施汉字育德。每个班主任精选一个汉字作为班级管理的核心思想，通过评价机制制定规范，班主任的管理思想和管理能力得到提升。

班主任指导家庭教育实施汉字育德。通过这个渠道，把家庭教育的力量统一到学校教育中，提升教育效果。

教师自我发展实施汉字育德。结合学校"好教师"培养机制，让每名教师选择一个汉字，作为自我发展和对学生实施德育的基本方向。

学生成长实施汉字育德。每个学生精选一个汉字作为自己的品德养成核心，构建汉字育德的"五步法"框架体系，即溯源—读写—品鉴—导行—弘扬，提升学生的文化素养和品德素养，提高民族自信心，弘扬传统文化。

3. 建立汉字育德评价体系。

班主任通过制订班级汉字育德计划，结合实际定期开展自我评价和总结，学校定期组织经验分享交流、案例评选等活动。

学校以汉字育德"五步法"为基本模式，建立年度考评过关制度，设立五星级进阶考核，由班级委员会对学生进行考核，定期公布进阶名单，力争使学生在初中阶段达成五星目标。

在教师培训方面，学校建立包含每人践行一个字的好教师评价标准，每年结合业务考核，开展自述自评互评，评选好教师标兵。

在家庭教育方面，在课题中期阶段，开展家风展示活动。

（二）研究重点

构建以汉字为载体的育人模式和体系，提升民族自信。

七、研究假设和创新之处

（一）研究假设

1. 如果本次课题得以实施，将提高落实国家教育发展战略的工作水平，实现立德树人的根本目标。

2. 如果课题研究得以深入持续，将会有助于提高学校德育工作水平，完善学校德育特色，促进教师发展，丰富和创新育人模式，提高育人效果，促进家庭教育的质量，具有较大的推广价值和普遍意义。尤其是以汉字为载体的育人模式和评价制度，能够为进一步开展此类研究提供借鉴。

3. 如果课题得以实施并取得成果，有助于提升学生个人在传统文化方面的素养。通过品鉴和导行，可以提升学生对传统文化的认知，从而继承传统文化中的优秀因素，促进个体的品德发展。

（二）创新之处

建立汉字育德体系，探索传承传统文化的育人模式和评价制度。

八、课题的研究思路、研究方法、技术路线和实施步骤

（一）研究思路

根据市区教育局有关语言文字和传统文化教育的要求，结合学校发展和德育的实际状况，进行传统文化与德育相结合的实践，多角度分析传统文化在中学生品德形成过程中的作用和意义，及其对家庭教育产生的影响，探索适合中学开展以汉字为基础的文化传承方面的策略和建议。

（二）研究方法

1. 文献研究法。通过搜集相关资料，研究相关教育政策法规，为实现研究目标宏观设计。

2. 调查研究法。通过研究学校发展的实际状况，教师和学生现状，拟定可以实现和便于操作的流程以及框架。

3. 经验总结法。一方面，运用外塑、内化、内生、外行的品德形成的规律，和"他律、自律、自觉、自为"的品德养成规律，借鉴参考成功

案例，以便更好地指导研究实践活动；另一方面，定期总结实践经验和效果，验证所进行的研究成效，便于及时调整和改进。

4．分析归纳法。根据实践研究的个案案例，对成果进行分析总结，提炼普遍意义的经验和规律，便于形成指导性成果。

（三）技术路线

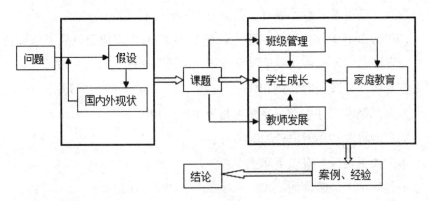

（四）实施步骤

本课题研究的周期为三年（2017年7月—2020年7月）。

1．准备阶段（2017年7月—2018年2月）。

（1）学习理论，更新观念，设计研究方案。

（2）建立健全课题领导小组，完善各项规章制度。

（3）申请立项。

（4）召开开题会议。

2．实施阶段（2018年2月—2020年2月），分三个阶段进行。

第一阶段2018年2月—2018年9月。

本阶段主要任务有以下三个：

一是开展培训，组织教师学习有关理论，明确做法；

二是在初一、初二班主任层面确定班级管理的汉字核心并开展实践，挖掘成功典型；

三是撰写理论综述。

第二阶段2018年9月—2019年9月。

本阶段主要任务有以下六个：

一是在前期班级管理实践基础上，其他班主任开展班级管理研究，适当向家庭教育延伸；

二是任课教师选择一个汉字作为践行教育教学实践的核心，确立"好教师"的自我发展核心价值；

三是每名学生选择一个汉字作为养成良好品德的核心，并针对该汉字开展溯源、读写、品鉴、导行、弘扬方面的研究和实践；

四是开展有关评价工作，班主任于2019年9月份完成第一轮五星评价，学校颁发证书，评选福佳中学汉字育德"优秀班主任"和"好教师"；

五是收集整理研究案例和典型，调整课题研究的进度和目标；

六是编制《福佳中学汉字育德指导手册》初稿。

第三阶段2019年9月—2020年2月。

本阶段主要任务有以下四个：

一是延续上一阶段的工作；

二是梳理研究过程材料，编写《福佳中学"汉字育德"研究论文和实践案例》；

三是对研究计划进行阶段调整，并进行必要反思和总结；

四是推广在汉字育德实践中发现的家庭教育典型。

3．总结阶段（2020年2月—7月）。

（1）搜集整理研究资料，总结提练，撰写《福佳中学关于开展普通中学"汉字育德"实践研究总报告》。

（2）撰写《普通中学五步法实施"汉字育德"和评价制度的策略研究》，提交《福佳中学关于开展普通中学"汉字育德"实践研究的验收申请书》，申报结题。

（3）完善《福佳中学汉字育德指导手册》。

（4）召开结题会。

九、课题研究的组织及分工

1．建立领导小组，成立课题组，完善管理制度，制订工作规程，进行人员分工，做好计划管理与目标管理。

2. 采用专家指导、校领导管理指导、教师实践的研究组织形式，参与人员强调分工，更突出合作，在不断的交流与碰撞中提高课题研究质量。

3. 采取文献调查、调研讨论等形式，多角度分析在中学生品德形成过程中更多纳入传统文化因素的机制和渠道，及其对家庭教育产生的影响；定期组织教师学习有关理论法规，转变观念，提高认识。利用每学期开学前和放假期间开展读书学习活动，提高理论储备。根据研究需求，聘请专家讲座。

4. 定期召开课题组会和班主任会，开展工作部署和经验交流，统一思想，提高认识，相互借鉴；学校、班级、家庭开展对学生进行"汉字育德"的"五步法"构建和评价体系的构建，对开展方式、策略、基本模式的实践研究，对活动中的典型案例进行分析。

5. 对课题研究所需物品，学校予以优先考虑：首先是班级文化设计方面，学校将给予支持；其次是相关学习和实践所需资料、用品，以及阶段性成果汇集编印等。

本课题负责人朱银基，具有多年从事德育工作管理和研究实践经验，有较强的研究能力，熟知中小学教育科研现状，掌握教育科研的一般方法和操作程序。

主要参加者：

陈桂芝，负责课题研究活动的协调、统筹工作。"十二五"市级课题"初中德育课程校本化的实施研究"、"十三五"市级课题"阶段连续的德育课程体系的构建与实施"的主持人，科研经验丰富。

袁秋，负责课题研究活动的协调、统筹工作，"十二五"市级课题"初中德育课程校本化的实施研究"、"十三五"市级课题"阶段连续的德育课程体系的构建与实施"的主要参与者。

王宪瑶，负责组织教师进行具体的研究并负责检查。"十二五"市级课题"初中德育课程校本化的实施研究"、"十三五"市级课题"阶段连续的德育课程体系的构建与实施"的主要参与者，主持过区级德育现场会，研究的实践基础好。

刘丽，负责组织教师进行具体的研究并负责检查。"十二五"市级课题"初中德育课程校本化的实施研究"的参与者，承担过区级个人立项小课题，研究能力较强。

其他主要参与者是学校的班主任和语文教师，他们都参与了学校"十二五"市级课题"初中德育课程校本化的实施研究"、"十三五"市级课题"阶段连续的德育课程体系的构建与实施"，有的承担过区级个人立项微课题并获奖，研究能力均较强。

孙德玫，科研专干，负责研究案例的收集、整理工作。"十二五"市级课题"初中德育课程校本化的实施研究"、"十三五"市级课题"阶段连续的德育课程体系的构建与实施"的主要参与者，承担过区级个人立项小课题、微课题，微课题获奖，研究能力较强。

胡义民，负责研究案例的收集、整理工作，"十三五"市级课题"阶段连续的德育课程体系的构建与实施"的主要参与者。

十、经费保障

根据课题研究的实施进度，学校给予课题研究和成果编撰的经费保证。

1．班级文化建设的经费保障；

2．学习研讨、经验交流、培训提高方面的时间保障和材料保障；

3．网络宣传方面的经费保障；

4．后期成果的编印和出版保障。

十一、预期成果

2019年8月，完成《福佳中学开展"汉字育德"实践研究的研究论文和实践案例》。

2020年7月，完成《福佳中学汉字育德指导手册》《普通中学实施"汉字育德"的策略研究》和《福佳中学关于开展普通中学"汉字育德"实践研究的总报告》。

长风破浪会有时　直挂云帆济沧海
——校本科研工作的思考与实践

金湾中学原是厂矿学校。2005年被甘井子区教育局正式定为薄弱学校。这样一所弱校，几年来能逐渐让外界重新认识，重要的原因之一就是坚持了"科研兴校"的办学理念，通过校本科研让管理者和教师转变了教育教学观念，提升了学校的整体水平。

一、明确校本科研的方向

1. 校本科研：课题是从学校的教育教学和教育管理中发现问题经过提炼而成，是在校长领导下的有目的、有计划、有组织的全体教师参与的活动过程，科研成果用于指导本校的教育教学和教育管理工作。

2. 校本科研的任务：通过研究，产出应用性成果，并将成果应用于本校的教育教学和教育管理的工作实践中。

3. 校本科研的方向：校本科研服务于教师发展、学生发展、学校发展。

二、保证校本科研工作过程的规范性

1. 坚持"问题研究课题化"的原则，确定校本科研课题，使教育教学活动围绕课题展开。

"十五"期间，最初确定的课题是"培养学生的创新与实践能力"，由于研究的课题与学校师生实际情况出入较大，使学校科研真正在做的其实只有几个人，结果是科研工作浪费时间精力不说，关键是教师的教育教学能力无从提高。面对此种情况，学校管理层不得不"穷则思变"：如何能从教师的需求出发，确定科研课题，使课题研究真正为教师的能力提高服务，为学生的发展服务。

在专家的引领和指导下，我们"校本科研"大课题为"构建多元协同、功能完善、学校实用的初中课程体系"。

在学校的教育教学工作中，课程是学生学习内容、学习方式、学习进程和学习目标的规划，是学生发展的蓝图，是教师教和学生学的载体。要从根本上解决学校教师能力弱的问题，最佳载体只能是课程。

适逢新一轮的课程改革，面临很多新的问题，所以只有深入、系统地研究课程，才能使教师适应改革。构建课程体系，可以说课题内涵较大。我们将其分解，计划10年完成。目前进行了三个子课题的研究。

子课题一："校本课程开发与建设的实践研究"，"十五"期间完成，获省级二等奖

子课题二："国课校本化处理"，"十一五"期间（2005年9月—2007年7月）

子课题三："构建整体协同课程体系"，"十一五"期间（2007年9月）

2. 在课题研究过程中适时进行子课题的转换，使课题研究层次不断向纵深发展。

我们在专家的指导下，三个子课题的研究依据循序渐进的原则，经历了由"非中考学科"到"中考学科"、由"学科整合"到"学校所有工作的整合"的过程。

（1）子课题一："校本课程的开发与建设的实践研究"（"十五"校本科研课题）

1999年中央第三次全教会上提出三级课程三级管理，其中校本课程和地方课程占总课时数的10%~12%。而校本课程补偿了国家课程和地方课程的不足，既能有效利用学校的资源，又能满足不同学生特长发展的需求。校本课程开发的主体是教师，需要教师编写"课程纲要"，编写"校本教材"，这对长期以来一向讲授别人编写教材的教师来说是一次极大的挑战，更让教师为难的是连个参考都没有。为了稳妥，经研讨决定从"非中考学科"入手。

当时参与的教师有9位，除了2个刚毕业的教师，其他7位教师年龄均在

45岁以上。这样一群教师，要做这样一件前无古人的事情，说实话，连我们自己都怀疑。但就是这样一群教师，在专家的引领下，查资料写纲要，访社区编教材，上课修改教材，经过一年的奋斗，学校承办了有史以来第一次市级现场会，这一次现场会的成功举办，极大地鼓舞了教师的士气，科研的话题不再使教师反感了。"十五"科研课题结题时，我校的研究获省级二等奖，学校被评为大连市课改先进单位、甘井子区科研先进集体，建成的展室成为学校和大连湾地区的德育教育基地。

（2）子课题二："国课校本化处理"（"十一五"校本科研课题）

实践证明，校本课程开发是提高教师专业水平、研究能力和创新能力的一条有效途径。于是自2005年9月，我校课程研究开始由"非中考学科"向"中考学科"过渡，着力研究国家课程的校本化处理。这样做的原因：

一是"十五"的校本课程开发与实践研究成果，使教师认识到科研的价值，有了科研积极性；

二是学校在科研方面也积累了一定的经验；

三是新课改教材给教师的处理留有很大的空间，严格的依"纲"据"本"根本完成不了教学任务，导致教师不会上课，课堂教学效率低。

基于以上三个原因，我们确定了"十一五"的省级立项课题：从"提高教师的三项能力"入手，进行"国课校本化"的研究。"国课校本化"就是国家课程通过处理变化更适合本校教师的教和学生学的一种途径和方法，分解为"教师三项能力的研究"和"学法研究"。

（3）子课题三：构建整体协同课程体系

学校的教学工作依据科研程序按部就班地进行，但仅凭学生智育的发展远远满足不了学生综合素质发展的要求，而学校的功能不仅仅是教好书，更要育好人。这就要求学校把德育工作摆在首位。

我们分解了1997年《国家德育纲要》的八项三十条，发现80%的教育点蕴含在学科教学之中。从2007年9月开始，我们加强学科德育渗透的培训与考核，要求教师使学生在课堂上带着兴趣学、带着情感学。同时，构建"德育工作体系"，将另外20%的教育点设计成校本课程，通过活动的实施完成学生的德育培养目标。

整合德育工作和教学工作的研究，构建了金湾中学"整体协同课程体系"。

3. 在校本科研中坚持遵循专家引领、培训先导、骨干示范、全面推开的研究模式，促进教师的全员参与。在研究过程中，按照计划、组织、检查、总结、交流的操作程序，每学期进行一次研究成果交流，达到了互相促进、资源共享、共同提高的目的。

4. 分阶段提炼成果，并通过不断学习吸收现代理论，不断学习吸收外校的先进做法，不断提升阶段性成果，在提升的过程中努力打造一支学习型团队。

三、校本科研的现状与成效

目前金湾中学的校本科研通过三个子课题的研究，已经构建起"多元协同、功能完善、学校实用的初中课程体系"的雏形。它基本解决了学生学什么、学多少、学到什么程度的问题，但"怎么学"的问题，我们正在通过"优化教学模式"的提炼进行研究，预计2年左右完成。

学校已经建立起德育类、兴趣特长类、学法类三大类校本课程体系，以选修为主，促进了教师潜能的发挥，促进了学生特长的发展。

完成了12门学科的"国课校本化"工作中的课标详解工作，知识微结构的建立，计划到本学期末全面完成。

随着课程体系的构建而形成的"课程化教育"办学思路，也成就了金湾中学的办学特色。以"课程体系建设"为载体，通过校本科研，教师的素质得到发展：运用"特尔斐法"评价，教师的素质得到提高。学校管理、教育教学质量不断得到提高：

1. 2005年获甘井子区教学管理奖、教学成绩奖

被评为辽宁省科研先进集体

2. 2006年获甘井子区教学管理奖、教学成绩奖

被评为甘井子区体育卫生先进集体

3. 2007年获甘井子区最佳教学管理奖（全区24所学校仅3所）、教学

成绩优胜奖

被评为甘井子区规范化学校

被评为大连市科技示范校

被评为大连市德育先进学校

成绩只能说明过去和现在，不能代表将来，我们会一如既往地努力，回报各级领导的厚爱！我们坚信：把握校本科研的正确方向，规范校本科研的过程，持之以恒地坚持下去，金湾中学的明天一定会更美好！

继承中发展，研究中提高

——"有效教学"研究点滴体会

一、工作思路及具体落实

1. 继承中有发展——哲学依据："事物是普遍联系的"。

学校的教育教学工作具有连续性的特点，这一特点就决定学校的课题研究必须具有连续性，即在继承中发展。

"十五"期间的课题是"校本课程开发与实践的研究"，以会考学科为主。

"十一五"期间的课题是"国课校本化研究"，即将国家课程通过研究和处理，变成适合本校教师教、学生学的一个过程、一种手段。涵盖中考学科、会考学科、考察学科。——解决教师"会上课"的问题。

"十二五"期间的课题是"有效教学研究"——解决教师"上好课"的问题。充分利用"十一五"的课题研究成果，在课时目标定位准确、课时知识不缺不漏、教学环节设计规范的基础上，研究教法、学法，提高课堂教学效益。

2. 研究中有重点——哲学依据："抓住主要矛盾，通过主要矛盾带动次要矛盾解决"。

（1）"国课校本化研究"，目的是"使教师会上课"，侧重研究：

①构建课堂知识微结构：找全每节课蕴含的不同类型知识（概念、原理、方法）——解决教师上课"讲什么"的问题。

②课标详解：将课程标准的要求分解到每一课时——解决教师上课"讲到什么程度"的问题。

③优化课堂教学模式：课型研究——解决教师上课"怎么讲"的问题。

（2）"有效教学研究"，目的是"使教师上好课"，涉及教学准备、教学实施、教学评价，侧重研究教学评价中的课堂教学评价，构建与学科"课型"对应的评价体系——评价不仅是考核，更侧重引导教师上好课，同时也是对"十一五"课题研究内容之一——课型研究的巩固和深化。

3. 活动中有提高——哲学依据："实践是检验真理的唯一标准"。

"科研兴校"是金湾中学一直以来坚持不变的办学理念。金湾中学的科研工作绝不是花架子，搞面子工程，而是实实在在地从学校的教育教学实际出发，即将"问题课题化"，特别注重课题研究与日常的教育教学工作紧密结合，注重课题研究的过程设计，要使日常的教学工作既是课题研究的载体，又是对课题研究阶段成果的检验，通过引路课、拉练课、展示课等活动落实研究内容，真正使教师在教学工作、活动中得到提高和发展。

4. 实施中有层次——哲学依据："量变到质变"，以"有效教学研究"为例：

（1）前期：2009年3月—8月28日

①制定方案、方案解读、相关的理论培训、制定"课堂评价标准（共性）"草稿

②组织区市骨干教师讨论"课堂评价标准（共性）"草稿，修改成一稿。

（2）中期：

①第一阶段：2009年9月—2010年1月（上学期）。

a．开学初：骨干教师引路课——实践"课堂评价标准（共性）"：用"标准"备课、上课。

b．2009年10月—12月：结合"金湾杯教师教学大赛方案"中"人人上好一堂课活动"，用"标准"备课、上课，用"标准"评课，体现评课标准的引领作用、考核作用。

c．2010年1月：在上课实践的基础上，教研组长组织教师研讨"课堂评价标准（共性）"一稿，意见汇总，形成"课堂评价标准（共性）"二稿。

②第二阶段：2010年2月（下学期）。

a．寒假骨干教师作业：结合"课堂评价标准（共性）"二稿和"学科

课型",制定出至少一种"学科课型"的课堂教学评价标准（初稿）。

b．开学前：教研组长组织研讨"学科课型"的课堂教学评价标准的初稿，形成一稿。

c．开学初：骨干教师引路——实践"学科课型"的课堂教学评价标准一稿，即用该标准进行备课、上课。

d．2010年4月中旬—6月初：结合"金湾杯教师教学大赛方案"中第6项：前5项考核总分前1/3的教师上"校级展示课"活动，12名教师上课，用"学科课型"的课堂教学评价标准一稿进行备课、上课、评课，起到评价标准的引领、考核作用，同时也巩固和深化了"课型"研究。

e．2010年7月：在上课实践的基础上，教研组长组织教师研讨"学科课型课堂教学评价标准"一稿，意见汇总，形成"学科课型课堂教学评价标准"二稿。

总之，在研究的过程中，学校的计划管理先行，在学校的计划指导下，骨干引路（学校从教学设计等方面全面把关，使之真正起到引领作用）、教师全体参与（通过金湾杯教学大赛），使研究工作有层次，并且能够达到"收而不死、放而不乱"的效果。

二、打算

1．在"十一五"课题研究中，成型的课型共20种，目前经过研究配套的课型课堂评价标准有8种，其余的预计下学年完成。

2．"有效教学"的落脚点是"在单位教学时间内学生的进步或发展幅度"，要在以后的研究中侧重这方面的评价。

现代文阅读"四读式"课型课堂教学评价标准（二稿）

评价类别		评价内容	得分			
教学的书写		1. 体现现代文阅读"四步式"的课型模式	4	3	2	1
		2. "三标"：（1）根据课标、教材、学生的特点；（2）提炼准确全面；（3）重点准确突出	4	3	2	1
		3. 文章阅读主线清晰，课堂教学的进程围绕目标进行	6	4	2	1
		4. 学、教方式：（1）为目标、内容服务，根据学生年龄特征、学习特点来选择恰当的方法；（2）体现课型、科学性、目的性、启发性、层次性	8	6	3	1
		5. 书写规范：各"竖栏"之间前后一一对应，即前后形成闭合的回路，尤其学教方式的序号，教师提问、学生回答书写时能准确提炼关键词	8	6	3	1
		6. 学生阅读主体地位的体现："学法"细化，所做的内容清晰；以学生"读"为主，以教师"导"为辅	8	6	3	1
		7. 教师提问符合学生实际：目的性强，表达清楚；体现层次性	4	3	2	1
		8. 板书：体现本节课的重点；格式便于学生记忆；有知识间（包括新旧知识间）的联系	4	3	2	1
		9. 作业实际：分"选做""必做"，体现知识的巩固和能力的提升；作业量合理；要求明确	4	3	2	1
课堂执教能力	教学内容评价	1. 内容质量：教学内容正确、目标明确、全面	6	4	2	1
		2. 内容深度：教学内容深度适宜，体现"标高"，能落实到"读、写（笔写、口述）"	6	4	2	1
		3. 内容的广度：新旧知识联系紧密、新知识突出；能恰当合理地联系文本以外的知识	4	3	2	1
	教师施教评价	1. 引课自然，情景创设贴近本课内容	4	3	2	1
		2. 文本感知、文本分析、文本赏析、文本感悟、拓展各环节把握合理，重点突出	4	3	2	1
		3. 各个环节进行活泼、充实，有助于环节小目标达成	4	3	2	1
		4. 恰当运用文本知识、学科知识进行过渡，各环节间衔接自然	4	3	2	1
		5. 整个课堂结构严密、紧凑、完整	4	3	2	1
		6. 教法上体现教师的主导地位	4	3	2	1
		7. 充分体现教师利用旧知体现新知	4	3	2	1

评价类别		评价内容	得分			
课堂执教能力	学生学习评价	1. 本节课重点：文体知识的达成度90%；方法性知识75%以上	6	4	2	1
		2. 学生思想认识提高，情感得以升华	4	3	2	1
		3. 学生的学科基本能力表达、书写、朗读、速度、分析等能力得到提升	4	3	2	1
		4. 学生自主阅读、自主分析、小组合作意识好。	6	4	2	1
		5. 学生在学习过程中构建知识微结构，当堂背记下来	4	3	2	1
	教师基本功评价	1. 语言准确、生动、清晰、简练、有文采	4	3	2	1
		2. 教师富有激情，能感染和调动学生的学习情绪，展现课堂的生命活力；师生关系和谐	4	3	2	1
		3. 板书布局设计合理、字迹清楚	4	3	2	1
		4. 教学自然，不矫揉造作	4	3	2	1
		5. 教具（幻灯片、投影仪等）使用合理，演示恰当、适度	4	3	2	1
		6. 灵活应对突发事件；巧妙利用学生的回答、质疑引导学生思考，为教学服务；根据课堂实际及时调整教学设计	4	3	2	1
		7. 评价及时、合理、公平，表扬语言生动、感情真挚	4	3	2	1
综合评价（突出优点和不足） 优点： 不足：			得分			

第五章　目标一致的家校协同

家校同育　共创未来

习近平总书记在2018年9月10日召开的全国教育大会上说：办好教育事业，家庭、学校、政府、社会都有责任。

教育就是培养全面发展的人。依据内因与外因的辩证关系，家庭、学校、政府、社会都是学生发展的外因，即只是"事物发展的条件，是第二位原因"。要想这些条件起作用，还必须调动学生个人发展的内在因素，因为"内因是事物发展的根据，是第一位原因"。

目前学校面临最大的问题之一就是学生厌学。针对这一问题，有效的策略首先是端正学生的思想态度，培养学生良好的习惯。我们称之为"固本"工程。

在"十二五"课题"初中校本德育课程体系构建与实施"的研究中，我们有机整合了国家课程、地方课程和校本课程，从德育角度构建三类课程，即德育学科课程、德育渗透课程和德育活动课程，从不同角度，用不同方法进行德育。建立符合学生发展的评价体系，即课评、日评、周评、月评、学期评。评价的及时性提高了德育的有效性，学生的品行越来越好，学习的主动性越来越强。

立足冷冉先生的理论基础和传统文化进校园的时代要求，在"十二五"课题研究的基础上，我们在"十三五"期间进行了两个课题研究：其一是"阶段连续德育课程体系构建与实施研究"，即：立足入校课程、进阶课程、离校课程，进行主题班会的阶段设计，提高德育的针对性。其二是"普通中学汉字育德的实践研究"，即：每个班级一个汉字，体现班主任的管理思想，构成营建班级文化的核心；每个教师一个字，体现教师从教的原则，作为师德建设的载体；每个学生一个字，体现学生做人的准则，展现个人品德的魅力。

固本培元，我们用科学理论做指导，通过课题牵动，从根本上解决学生内驱力不足的问题，一步一个脚印地践行我校"德育为先，能力为重，全面发展"的办学理念，同时落实我校"为学生终身发展奠基"的办学宗旨。

科技社会，信息发达，学生的发展受外界干扰较多，家庭教育跟不上，于是学校面临的第二个大问题就是"5+2=0"的现象。

"5+2=0"，即五天在校学习，经过两天在家的双休日调整，学校教育效果大打折扣，甚至会一切"从头再来"。众所周知，周一的课是最难上的，这也是"5+2=0"现象的真实反映。

针对这一问题，有效的策略是成立家庭教育学校，提高家长自身在孩子成长中的作用，具体做法如下：

（一）有序设计，增进家长对学校办学特点与目标的了解。

每年6月份，通过发放含有学校简介的入学通知书给小学六个年级的家长，让孩子和家长们提前整体了解学校。通过学期两次开放日（家长分批次到校），让家长深入了解学校，需要对学校情况做细致了解的，学校不定期召开专题座谈。

总之，我们通过各种方式，促进家长了解学校"以德促智"的办学特点，了解学校"培养品德优秀、习惯良好、特长突出的中学生"的办学目标，从而积极配合学校的"固本"工程，提高办学效果。

（二）巧用载体，提高家长对家庭教育作用的认识。

只有家长认识到"家长到位，正确的理念到位，中国的教育问题才会有根本性的改变"。具体措施：

1. 家长月报的阅读与反思。

每月下发一次"家长月报"，内容有体现各年级特点的，也有对社会共性问题的认识与探讨。尤其重视选材的适时性，用社会上的典型事件对学生和家长进行及时教育。比如对2018年10月28日的重庆公交车坠江事件的分析，引导家长在负责任的表达和如何去遵守公共道德方面进行思考，既教育孩子也教育家长。

注重月报反馈和评价：每期家长月报都有家长的学习心得或者反思。家长反馈质量高的，通过家长群反馈，以此影响和带动其他家长，并将家长学习效果作为评选优秀家长的一个指标，严格落实。坚持两年多，效果越来越好。

2. 家长微课堂的播报与交流。

每周五晚上10分钟左右的家长微课堂讲座，从心理问题到家庭教育指导，目的在于让家长每周理解一个教育道理。家长听完微课堂讲座后，在群里进行交流和沟通，可以碰撞出更多更好教育孩子的方法。通过班级微信群还可以实现对家长提出问题的个别指导。

3. 家长会的交流与促进。

家长会中请优秀家长介绍教育经验，谈谈如何在家里培养孩子的习惯、配合学校教育后孩子的变化，身边看得见的案例能够激发更多的家长主动配合学校的工作。

4. 好家风的营建与践行。

通过"我的家风我评说"等系列评比活动，促进家长思考家风的营建问题。通过"普通中学汉字育德的实践研究"课题的延伸，指导提炼家风，每个家庭在选定汉字的指导下，创建和谐家庭，使得学校教育和家庭教育更加紧密地联系在一起。

习近平总书记说："家庭是人生的第一所学校，家长是孩子的第一任教师，要给孩子讲好'人生第一课'，帮助扣好人生第一粒扣子。"如果每个家长都能反思自己是否给孩子上好了第一课，是否给孩子扣好了第一粒扣子，那么才会达到家校同育、共创未来的效果。

（三）课程引导，增强家长家庭教育的效果。

对应学生"阶段连续德育课程"的"入校课程、进阶课程、离校课程"，年级各有侧重。

初一年级家长：中小衔接主题、理想规划主题。

中小学有诸多方面的不同，要使孩子缩短适应期，就要引导家长明确初中的特点，并用正确的方式引导孩子成功过渡到初中生活的轨道上来，与孩子一起适应新生活、规划未来的发展。

通过理想信念教育，引导家长明白确定理想目标的重要性，指导家长如何和孩子一起制订科学的理想规划，如何监督孩子品行的养成来促进孩子理想的实现。

初二年级：青春期教育主题、挫折教育主题。

孩子进入青春期，生理及心理的变化较大，情绪波动等诸多现象使家长茫然以对，需要引导家长理性面对子女青春期的问题，把青春期变成成长期。

理想的实现不是一蹴而就的，随着学习难度的加大，发展可能受阻，面对努力后但仍不如意的状况，要去开导孩子保持乐观向上的心态，和孩子一起想办法打败挫折。

初三年级：科学的人才观主题、合格公民教育主题。

部分家长对孩子成才有不当的认识，总以为孩子只有去重点高中才能有发展。我们通过课程去改变家长的认知：孩子不一样，家长的评价标准也不能完全一样。有些孩子能善良做人、认真做事，哪怕考不上高中也能自食其力，实现自己的价值，为社会做贡献，他就是人才，就是合格的公民。

树立正确的价值观、职业观，"尽自己最大努力去发展就是最好的"。家长明白这个道理，孩子才能在自我发展的路上健康而行。

通过各阶段连续的家庭教育课程，使家长和孩子们共同预判不同阶段出现的问题，未雨绸缪或者及时调整，提高家庭教育的效果，促进学生的良性发展。

家长对学校办学的理解认同，使家长对学校各项活动的支持力度明显变化了，家长配合学校开展德育作业效果不断提升。如：学生到家长单位实习、参观一天，或者家长监督孩子做一天家庭的主人等，孩子在体验中懂得了感恩；家长全程参与合唱比赛的组织，感受到教师的不容易；第一届民族大团结运动会，家长对孩子们服装等方面的大力支持，在运动的同时加强了民族教育，使得运动会开得非常成功。

在我们的不懈努力下，家校合作方面成果显著。一是家长素质和家庭教育能力不断提高，正确的教育观念不断形成：以德促智协同发展，尊重子女的健康情趣，注重品行培养。二是学生综合素质得到发展：连续5年，我校中考成绩在全区靠前；我校学生参加诗歌朗诵比赛获得市、区一等奖；音乐方面，我校在甘井子区中小学艺术节获二等奖；第五届国际环保四联漫画大赛，我校4名同学入围前200名，为中学组最多；我校在大连市第二届大中学生无线电测定向比赛中荣获第一名；在甘井子区中小学生规范汉字书写大赛中，我校有12名学生获奖；在大连市第十三届中小学科技节竞赛中有6名同学获奖。另外，我校在信息、足球、跳绳比赛当中成绩也有目共睹。学校口碑越来越好，影响力越来越强。鞍山市铁西区教育局多次组织骨干校长和教师来我校调研，学习我校的办学经验。

家校同心，其利断金！我们与家长目标一致，只要是有效沟通，所有问题都能有效解决；我们和家长以心换心——学校先付出感动家长，后收获——家长真心配合。

我们将不断探索家校联动的有效方式，期望在我们的共同努力下，成就"彼此"最美好的生活方式，即：和志同道合的人一起奔跑在理想的路上，抬头有清晰的远方，低头有坚定的脚步，回头有一路的故事……

福佳中学家长学校工作计划

家庭是孩子成长过程中的终身学校，家长是孩子学习和生活的第一任教师，家庭教育为孩子的成长奠定坚实的基础。为了给每一个孩子营造良好的教育环境，学校要在以前的经验和基础上，积极办好家长学校，努力提高我校学生家长的家教水平，促使家庭教育更好地成为学校教育和社会教育的基础和纽带，促进孩子的健康成长和全面发展。

一、指导思想

以《中共中央国务院关于进一步加强和改进未成年人思想道德建设的若干意见》《国家中长期教育改革和发展规划纲要（2010—2020年）》和《教育部关于加强家庭教育工作的指导意见》为指针，以《全国家庭教育指导大纲》为主要依据，学习习近平总书记在春节、在会见第一届全国文明家庭代表时的讲话精神，坚持育人为本，德育为先，创新工作思路，确保家长学校工作纳入学校的重要工作日程，使之形成制度化、经常化、规范化，推动家校合作教育全面、均衡、可持续发展。

二、工作目标

1. 通过开办家长学校，指导和帮助家长提高自身的素质和修养，让家长进一步了解国家教育方针、政策和法规，明确家庭教育的重要性。帮助家长树立正确的家庭教育思想和观念，学习家庭教育的科学知识，掌握教子成才的方法，充分发挥家庭教育的作用，提高家庭教育的水平，营造良好的家庭教育氛围，使家庭教育充满爱意，充满温馨。

2. 组织系列的家校沟通活动，如开展"假期体验式活动""优秀家长"和"家长开放日"等活动。增强家长与学校之间的联系，明确家庭教育职责，积极构建学校、家庭、社区三位一体的育人网络，共同培育一代新人。

3. 逐步建立健全家长学校各项管理规章，完善管理机制。

三、具体措施

1. 组织落实。每学期召开一次家长委员会会议，研究当前家庭教育、学校教育、社会教育的动态，商讨办好"家长学校"的措施和方案，及时反馈家教信息，收集并反映家长对学校工作的建议和意见，协调并参与学校管理，进一步提高管理的实效。

2. 学校定期组织领导班子及教师队伍学习家庭教育的理论及方法途径，研究相应的教育内容，针对各年级学生心理特点，开展授课活动，如讲座、观看视频、座谈会、交流发言等。普及家庭教育的科学知识，指导家长为孩子创造一个学习型、宽松、和谐的家庭环境，以利于孩子身心全面发展。

3. 借助学校家委会、班级微信平台，帮助家长明确新形势下家庭教育的重要性，了解当今的孩子有哪些迫切的需要，从而从孩子的需要出发，从家庭教育的实际出发，加强学习，更新教育观念，提高家庭教育的水平。

4. 开展"优秀家长"和"家庭教育优秀案例"的评选活动，最大限度地引导家长学习教育理论及心理学的教育观点，配合学校共同实现科学育人。

5. 聘请家庭教育获得成功、具有丰富经验的家长到校为家长学员们传经送宝，进行经验介绍。

6. 举行家长开放日活动，组织家长共同参与学校或班级的有关教学活动，引导家长配合学校共同教育好孩子，使孩子养成良好的学习行为习惯。

7. 开展"学习型家庭"的创建活动，努力营造"书香家庭"，为孩子创造良好的学习氛围。

8. 充分发挥家长委员的监督参与职能，分年级开展家校研讨会，分析存在的问题，探讨交流相关对策。

9. 家长学校采用灵活多样的教学方法，如讲座、经验交流、问卷调查、致家长的公开信等多种方式，根据不同年段的学生安排具体的教学内容，做到有计划、有序列地进行，使教学内容序列化、系统化。并且要求认真备课，力求课上得精彩、实用。

10．进一步做好家长学校的资料积累工作。做到"六有"，即有家长学校，有家长学校组织网络，有教材，有教学计划，有讲师队伍，有家长学校工作计划、记录、总结。各种表格齐全，档案资料规范。

11．强化家校联系工作。

四、工作日程

本学期：

1．本学期在初一年级开展"我为爸妈干家务"活动。

2．本学期在初二年级继续开展"魅力家长进课堂"活动。

3．聆听窗外声音：邀请部分家长座谈，了解学生家长的心声。

4．家庭教育教师讲师团成员在不同年级进行家长教育专题讲座。

5．邀请家长观摩学校的公开课教学活动、参与教学研讨活动。

6．倡导家委会成员带头，支持和配合班级开展综合实践活动。

7．传统节日的教学设计整理汇编。

8．2017年度家校共育活动的年鉴。

学期末：

1．家长学校阶段性总结。在分析总结本学期家长学校工作的基础上，思考下个学期家长学校工作计划。

2．各种家校活动的跟踪记录要归类存档。

2017—2018年度第二学期家长学校工作进度安排

周次	活动内容	备注
第一周 （3.3–3.4）	制作各年级不同的活动反馈表格 初一年级"我为爸妈做家务"推广活动准备会议	政教处
第二周 （3.5–3.9）	初一年级"我为爸妈做家务"推广活动（两场） 初二年级倡导"爸爸的工作"活动 初三年级继续"魅力家长进课堂"活动	政教处 各年部

周次	活动内容	备注
第三周 （3.12-3.16）	家长开放日	政教处
第四周 （3.19-3.23）	家校联合讲堂——家长月报	校长 政教处
第五周 （3.26-3.30）	家庭教育讲座	外聘专家
第六周 （4.2-4.6）	家庭教育讲座反馈	政教处
第七周 （4.9-4.13）	家长开放日	政教处
第八周 （4.16-4.20）	家长月报	校长 政教处
第九周 （4.23-4.27）	家庭教育教师讲师团讲座	外聘专家
第十周 （4.30-5.4）	家长会	政教处 各年部
第十一周 （5.7-5.11）	阶段表奖，优秀家长评选	政教处 教务处
第十二周 （5.14-5.18）	家庭教育教师讲师团讲座	外聘专家
第十三周 （5.21-5.25）	家长开放日家委会活动统计	政教处
第十四周 （5.28-6.1）	家庭自由活动周	政教处
第十五周 （6.4-6.8）	家长月报	政教处
第十六周 （6.11-6.15）	家庭自由活动周	政教处
第十七周 （6.18-6.22）	三个年级"家校活动"跟踪记录	政教处
第十八周 （6.25-6.29）	三个年级"家校活动"跟踪记录	政教处
第十九周 （7.2-7.5）	致家长一封信，假期德育作业	政教处

家长委员会工作实施方案

按照"十三五"学校发展规划，结合学校家长学校工作章程和工作思路，为了完善和落实好三级家长委员会的作用，真正意义上把家长委员会列为学校的重要职能组成部门，在教育教学过程中起到更好的监督作用，我校经家长委员会讨论，确定家长委员会工作实施方案。

一、指导思想

以党的教育思想为指针，以全面提高素质教育为重点，在校委会的领导下，家长委员会积极发挥沟通、服务、监督三个作用，兼顾学生、家长、学校三者利益，通过开展多种形式的活动，沟通学校与家庭的联系，督促学校工作，改善并促进家庭教育，在学校与学生家长之间架起联系的桥梁，共商教育大计，为促进学校的发展，培养更多的优秀人才做出贡献。

二、工作目标

1. 通过各种方式鼓励家长了解学校管理，积极参与学校管理，促使学校、家庭、社会形成育人的合力，推动学校教育教学水平的提高。

2. 帮助教职员工更好地树立为学生、为家长服务的意识，掌握指导家庭教育与学校教育有机融合的方法。

3. 提高家长对教育子女的科学认识，提供成功家教的经验，提高家长教育子女的科学性、有效性。

三、主要工作

（一）开辟多种渠道，融入学校管理

本学年，家长委员会要加强学校与委员之间的联系，开辟多种渠道，研究当前家庭教育、学校教育的动态，商讨家庭教育指导的措施和方案，参与学校管理，提高家长委员会的工作实效。如，家长委员会成员通过参加学校的有关会议、仪式和活动，听取学校整体工作介绍，了解各项规章制度，督促学校教育教学的规范运作，向学校提出合理化意见和建议，协助学校搞好各项工作。

（二）组织培训学习，提高家教水平

家庭教育是教育系统工程的重要组成部分。为了提高家长的教育水平，普及家庭教育知识，学校将继续召开学生家长会。一般情况下，每次会后，都安排班主任、任课教师与家长见面，交流学生在学校和家庭中的信息，使家庭教育与学校教育同步协调。

（三）沟通办学信息，促进教育教学

了解教学信息，促进教育教学是家长把握孩子成才的重要渠道，也是家校教育形成合力的重要手段。家长委员会将继续为学校教育教学活动献计献策，共同探讨子女教育问题，例如减负后学生作息时间的科学安排，待优生的转化，良好学习习惯的培养等。家长委员会将组织部分学生家长参加学校召开的教育教学质量分析会。

（四）关心校园安全，共建防范体系

做好校园安全工作不仅是学校的责任，也应取得家长委员会的通力协助。家长委员会将定期、不定期地检查学校各项安全防范措施的落实情况，及时向学校反馈安全隐患以及可采取的措施，并尽可能为学生安全提供必要的帮助。

（五）监督政务校务，规范办学行为

家长委员会参与学校管理、监督依法办学是确保学校办学公平、公正、公开的重要环节。家长委员会可对学校下列工作的实施加以监督：办学方向、教育理念、办学章程、教育教学行为、规范收费、招生入学以及

后勤服务等。

（六）参与学校活动，形成教育合力

参与学生校园文化活动是家长了解学校教育、沟通亲子关系的最佳时机。家长委员会要充分发挥桥梁、纽带作用，尽可能组织学生家长积极参与学校举办的校园文化活动，并在可能条件下为学校开展活动提供帮助与支持，如科技节、艺术节、体育节等。

四、保障措施

（一）加强领导和宣传

成立由陈桂芝校长为组长、朱银基书记为副组长的"学校家长委员会工作领导小组"。通过多种渠道和方式，加强宣传，让师生、家长及社会各界了解学校家长委员会建设的必要性和重要意义，了解学校家长委员会的工作情况，促使他们关心、支持、参与学校家长委员会建设工作，形成合力，共同促进家长委员会的建设与发展。在学校网站上设置家长工作专栏，在促进家校交流与沟通的同时，增强宣传效果。

（二）明确责任，统筹安排

把家长委员会的建设作为主要领导的责任亲自抓，把建立家长委员会列入工作议事日程。用发展的眼光，立足学校优势，把家长委员会工作与学校中心工作、特色建设紧密结合，增强工作的主动性和能动性，促进家长委员会规范建设、自主发展、特色发展、内涵发展。

做好家长委员会建设的机构与设施保障，专门设立家长委员会办公室，配备必要的办公设备设施；设立家校合作办公室。

高度重视学习培训工作。一要通过家长委员会组织家长代表、家长委员会成员认真学习党的教育方针政策，学习现代教育理念，提高参与学校管理监督的综合素质和工作水平；二要组织学校领导干部、班主任及全体教师认真学习教育学、心理学及家庭教育知识，以此作为促进家长委员会健康发展、家庭教育有效实施的支撑。

家长学校章程

第一章 总则

一、大连福佳中学家长学校工作是在《教育部关于建立中小学幼儿园家长委员会的指导意见》《大连市中小学德育工作规程》《大连市中小学家长学校建设与管理指导意见》等法规性文件指导下建立的，以服务家长、提高家长素质和家教水平为根本，以建设和谐家庭、营造良好育人环境为目标，努力创建组织健全、制度完善、充满活力、成效显著的成人教育学校。

二、家长学校传播社会主义核心价值体系教育，普及科学的家庭教育观念、知识和方法，组织开展形式多样的家庭教育实践活动，指导家长树立正确的教育观念，掌握科学的教育方法，尊重子女的健康情趣，培养子女的良好习惯，加强与学校的沟通配合，共同减轻学生课业负担，共同促进学生的健康成长。

三、大连福佳中学家长学校是学校办学的重要组成部分，是以学校为办学责任主体，以学生家长或监护人为主要对象，以普及家庭教育知识、指导家长改进教育方法为内容，以提高家长素质和家庭教育能力为宗旨的成人教育机构。是宣传普及科学的家庭教育思想、知识和方法的主要场所，是中小学开展家庭教育工作的有效途径，是促进学校、家庭和社会有机结合形成教育网络的工作桥梁，是促进和谐社会、学习型家庭建设的重要载体。

第二章 组织领导和管理

一、成立由校长、教导（政教）主任、班主任、班级家长委员会主席和社区干部共同组成的家长学校工作领导小组（家长学校理事会），下设班级家长委员会。

二、家长学校的校级常设机构命名为"家长学校理事会"。设立理事长（由德育副校长担任）1名、正副主任理事3名、理事若干名（由家长代表和社区代表以及教学骨干教师组成），学校为理事会开展工作提供相对固定的办公室、培训和会议场所，配备相关的书籍、多媒体教育教学设备和宣传专栏等。

三、家长学校理事会职责如下：

1. 拟定或修改《大连福佳中学家长委员会章程》，推选出学校常务主任理事，确定各理事及分工。

2. 每年9月召开全校家长大会，公布学校家长理事会名单，由校长向成员颁发聘书。

3. 参与学校管理。对学校工作计划、重要决策和事关学生和家长切身利益的事项提出建议，积极配合和支持学校管理工作，监督教育教学活动，帮助改进工作。制订家长学校学年度计划。

4. 参与教育工作。发挥家长的专业优势，为教育教学活动提供支持。发挥家长的资源优势，为学生开展校外活动提供教育资源和志愿服务。发挥家长自我教育的优势，交流宣传正确的教育理念和科学的教育方法。确定系列化专题讲座内容，聘请专、兼职指导教师，安排课时、场地、时间及受训家长。

5. 沟通学校与家庭。向家长通报学校近期的重要工作和举措，转达家长对学校工作的意见。向学校及时反映家长的建议，转达学校对家长的要求，促进家校相互理解。

6. 引导家长委员会与学校共同做好德育工作，及时与学校沟通学生思想状况和班集体情况，解决学生遇到的困难和烦恼。

7. 协助学校开展安全和健康教育，提高学生安全意识和自护能力，支持学校开展体育运动和社会实践活动。

8. 引导家长委员会对学校的安全工作进行监督，与学校共同做好保障学生安全工作，避免发生伤害事故。

9. 监督学校的课业负担情况，支持和推动减轻学生课业负担。

10．协调家长与学校之间的关系，化解家校矛盾，营造良好的家校关系。

11．制定家长学校学分评价方案，做好优秀家长的评选工作。

12．做好家长委员会委员的会议记录以及各种资料搜集整理归档工作。

四、班级按照下列程序，建立班级家长委员会并开展工作。

1．召开全班家长会，讲清建立班级家长委员会的目的、意义和作用，动员家长自愿报名。

2．班主任物色不同层面的家长代表作为班级家长委员会委员候选人。

3．召开全班家长会，由班主任组织家长，按照一定的民主程序，本着公正、公平、公开的原则，在自愿的基础上，选举出能代表全体家长意愿的在校学生家长组成家长委员会，一般3~5人为宜。

4．落实《大连福佳中学家长委员会章程》的有关制度、措施。

5．班主任主持召开第一次班级家长委员会会议，推选班级家长委员会主席，明确职责和任务，讨论教育议题。此后历次会议由主席召集主持。

6．班级家长委员会要参与班级发展规划的制订，参与民主管理，配合班主任做好班级建设工作。

7．家长与班主任要互相及时沟通学生状况和班集体情况，一起肯定和表扬学生的进步，及时发现班集体风气和同学之间关系存在的问题，解决和化解学生遇到的困难和烦恼。

8．引导家长配合学校提高学生安全意识和自护能力，保障学生安全，避免发生伤害事故。

9．引导家长积极支持教育部门和学校采取的减轻中小学生课业负担的各项措施，及时向学校提出意见和改进的建议。

10．协调家长与教师、家长与学校之间的沟通，多做化解家校矛盾的工作，把可能出现的问题解决在萌芽状态。

11．遇有特殊情况时，可作适当调整和变更，并将结果报告学校有关部门。

12．建立家长学校的出席、缺席的考勤制度，做好家长学校学员的考核评价，做好班级家长委员会各项工作的档案资料。

第三章 教学

一、建立科学有效的运行机制，遵循家庭教育规律，以家长为主体，以课程为载体，以培训为手段，以提高家长教育子女的能力和水平、帮助家长解决实际问题为目的，逐步实现家长学校的学校建设标准化、教育内容课程化、教育形式多样化、教学管理规范化和教育效果最优化，逐步形成具有区域特色的家长学校教育体系。

1. 教学内容。以《全国家庭教育指导大纲》为指导，以家庭教育中的实际问题为主题，突出社会主义核心价值体系教育，结合实际，要抓好课程建设，开发家庭教育学校课程，教学内容既要注重系统性和科学性，又要注重针对性和实用性，按照市区教育行政部门要求统一选用家长学校读本。

2. 教育形式。家长学校的培训以班级、年级或学校为单位组织实施，在师资条件允许的情况下，原则上以班级为单位组织培训，坚持以班主任为主讲教师，以班级为主要组织单位，以班级授课为主要形式，探索建立以班主任为主的备课、讲座、讨论、指导、检查、评价的培训运行机制和行之有效的教学组织形式，不断提高家长学校工作的针对性和实效性。课后要注意听取家长的反馈意见，不断改进家长学校的教学。

3. 教学管理与实施。

（1）制订年度和学期培训计划，加强家长学校的教学管理，要建立学员注册、考勤、授课等制度，利用双休日、学期初、学期末对家长学员进行培训，确保家长学校授课时数，按计划定时开课，每学期不少于4学时（每学时45分钟），全年授课时数不少于8学时。

（2）培训前，教师应根据工作计划和家长需求，精心选取培训内容，选择培训方式和方法，应充分考虑成年人教育的特点，体现家长的主体性。培训可采取讲授、问答、讨论、交流互动等多种方式，做到理论与实践相结合，以案例教学为主，以研究、解决现实生活中普遍存在的问题为重点。培训组织形式要做到大小课相结合（可分别以全校、年级或班级为单位）、集中培训与分散自学相结合。对文化层次不同的家长或学生类型不同的家长要区别对待，分类指导。

（3）要充分利用现代教育信息技术，采取灵活多样的符合成人教育特点的专题讲座、问题讨论、案例分析、情景演绎、集体观摩、视频分析、网络教学、交流互动等多种方式进行集中培训，或个别咨询或答疑问难。

4. 创新家长学校工作方式。根据自身实际，充分利用校报校刊、网站、电话、短信、家长信箱、电子信箱、心桥、家访等各种媒介与家长沟通。召开各种形式的家长会，举办学校开放日、家长进课堂、家长问卷调查、家庭教育咨询、家庭文化节、亲子阅读、家长讲坛、主题研讨、家校联谊等活动，增进家校情感、家长和师生情感，引导家长主动参与管理，为学校发展献计献策，使家长了解、理解和支持学校教育。

二、家长学校的培训任务主要由班主任和外聘专家承担，学校有计划地组织班主任及其他教师参加"中国家庭教育指导师"的培训，获取CETTIC中国家庭教育指导师职业培训（高级）证书和中国家庭教育指导师培训（高级）证书，提高班主任培训家长、指导家庭教育的工作水平。

1. 逐步建立一支由教育专家、科研部门的知名学者、教授、优秀校长、优秀教师和优秀家长组成的相对稳定的家长学校指导教师队伍。

2. 加强管理队伍和班主任队伍建设，对于学校选拔聘任的指导教师要组织参加"中国家庭教育指导师"的培训，采取行之有效的措施，通过组织培训、集体备课、经验交流、征求家长意见等方式，不断提高指导家庭教育专业化程度。

3. 要充分发挥大连市家庭教育讲师团的作用，通过定期参加家长学校师资培训，不断提高家长学校的师资水平。

三、搭建家校沟通平台。通过现代信息技术和数字智能化设备设施，建立常规的家校联系，通过组织网上论坛、现代信息平台建设、定期召开家长会（每学期2次）、组织小型家长座谈会、举办家教经验交流会、亲子互动活动、开展家庭教育咨询服务、向家长开放课堂、邀请家长听评课、教师家访活动、设立家长意见建议信箱，利用现代信息平台，加强学校与家长的信息沟通交流，促进学校教育与家庭教育协调并进。

四、健全家长学校档案管理制度。制订家长培训工作计划、课程表、建立考勤制度、家长学习档案等管理制度，建立家长学校组织成员名单、教师名册、授课记录、教案、家长作业和教育案例等，并将相关资料备案。

五、家长学校学员结业时，各班应有总结评估，要采用适当方式进行考核，评选先进个人。

第四章　考核与评估

一、学校把开展家长学校情况作为班主任工作考核的重要内容，纳入学期工作考核评价体系，把指导家长参加培训学习情况纳入优秀班主任的评比中，并作为个人评先选优、晋级晋职、表彰奖励的必要条件。通过多种方式及时总结推广先进经验，推动家长学校建设的健康持续发展。

二、鼓励家长积极参加培训，每学期对参加学习的家长考核一次；每学年表彰一次优秀家长。评选条件是家长教育子女有成效，子女在校学习期间操行优等，学业成绩优良或进步显著。由班级或年级评选占参加学习家长总数5%的优秀家长，学校审核表彰并备案。

第五章　保障措施

一、加强对家长学校工作的领导。家长学校属于成人教育机构，是终身教育体系中的一个组成部分。学校把家长学校工作纳入到学校德育工作之中，作为加强和改进学校德育工作、改进学校管理方式、优化办学环境的一项重要工作列入议事日程。

二、家长学校的经费保障。保证家长学校活动经费。家长学校所需的有关教学参考资料、授课人员讲课费等教育经费，由学校在办学公用经费中按比例支出。家长学校教师的工作记入工作量。

三、加强科学研究。立足于和谐校园、和谐家庭及和谐社会及学习型家庭的建设，针对新时期学生成长过程中的新特点、新情况和新问题，加强对家长学校办学和家庭教育课题的研究，积极探索家庭教育和家长学校工作的新规律，使之更加趋向理性和科学，不断创新家长学校工作机制，推进家长学校规范化、科学化的步伐，提高家长学校办学的针对性和实效性。

第六章　多维立体的教育评价

福佳中学好教师标准

一、职业观

1. 有理想信念，忠于党，忠于人民，忠于教育事业。

2. 有道德情操，人格健全，用自己的言行教育引导学生树立正确的人生观、价值观。

3. 有大局观，服从学校工作安排。

4. 有科研精神，能落实学校发展规划和工作计划，保持个人发展与学校发展同步。

5. 有钻研精神，为自己的工作建立理论依据，探究好的教学方法，勤反思，有教学成果。

6. 以学生发展为荣、为乐、为己任，帮助学生筑梦、追梦、圆梦，视教育为终身事业，一言一行为学生终身发展负责。

二、教师形象

7. 关注自身形象，衣装整洁，不穿过于暴露的时装，不戴夸张的饰品，不化浓妆，不涂指甲，男教师勤刮胡子。

8. 主动问早问好，给学生树立榜样。

9. 及时整理自己的桌面，保持自己的工作区域干净整洁。

10. 校园里看到垃圾或掉落的物品都能及时捡起。

11. 学生出操集会时，教师之间不交头接耳。

12. 走进教室，给学生一个温暖的微笑。

13. 在外言行注意教师形象，不做有损教师形象的事。

14. 有恰当处理学生突发事件的能力，不体罚、不辱骂、不大声呵斥学生，不将坏情绪转嫁到学生身上。

三、工作态度

15. 服从领导管理，团结协作，主动配合同事做好每项工作，做好份内之事。

16. 备课认真仔细，能根据课堂内容和学生基础水平设计恰当的教学方式。

17. 课堂有趣，学生会学、乐学，板书书写工整，讲普通话，口齿清楚，声音洪亮。

18. 对得起每堂课的时间，用心设计，有效调节，高效，不拖堂，不随便占学生的自习时间。

19. 课堂上，不接听电话，不把玩手机；会议时不使用手机等电子产品，专注倾听。

20. 无特殊原因，教师不坐着给学生上课。

21. 留作业适量，不留学生做不出的作业。

22. 认真批改作业与试卷，及时发现问题，适当批语和评价。

23. 爱护学生的书本、作业本，轻拿轻放，不乱丢。

24. 辅导学生不急躁，小考落实的同时能保证学生及时修改弄懂。

四、学生观

25. 多关注性格内向、不主动参与的孩子，积极为他们创造展示的机会。

26. 能发自内心爱每个学生，保护孩子自尊，不对学生有偏见，能谅解学生。

27. 关注学生方方面面，包括精神状态、心理状态、身体状态，把学生安全放在第一位。

28. 严肃认真，公正，耐心，说话算数，让每个学生和家长都能感受到关爱。

29. 能站在学生和家长角度思考和处理问题，为家长提供有效的意见和建议。

30. 不把成绩作为评价学生的唯一标准。

学生思想品德评价方案

为了引导和激励我校学生思想品德合乎规律地健康成长，我们以科学发展观为指导，遵照《国家中长期教育改革和发展规划纲要（2010—2020年）》提出的"德育为先"的理念，依据《金湾中学德育实施纲要（2011—2015年）》，制定《学生思想品德评价方案》。

一、评价

A．学生品德行为发展状态

基本测评点：

A1团结（团结同学、亲友、邻里……）

A2助人（帮助同学、亲友、邻里、弱者……）

A3诚实（说真话，做实事，表里如一）

A4文明（说文明话，做文明事，举止文明）

A5守信（对自己、对他人恪守信誉，言必信，行必果）

A6礼貌（尊敬教师，尊敬长者，尊敬劳模，尊敬英雄……）

A7遵纪（遵守中学生行为规范，遵守校规校纪，遵守社会公则）

A8守法（严守法律、法规）

A9关爱（关爱同学，关爱他人，关爱集体）

A10孝敬（孝敬父母）

A11勤奋（认真学习，积极做事，喜爱劳动）

A12节俭（珍惜劳动成果，生活俭朴，节约用品）

A13公平（公平待人，公平处事）

A14正义（正义看人，正义论事，伸张正义）

其中，7年级以A1—A10为主，8年级以A1—A12为主，9年级为A1—A14。

B．学生爱国情感发展状态

基本测评点：

B1爱家乡情感发展状态

B2爱祖国情感发展状态

B3爱社会主义祖国情感发展状态

C．学生价值观发展状态

基本测评点：

C1主流价值观特征发展状态

C2主流价值观取向发展状态

二、评价标准

A项评价标准

依据学生自己、同伴、家长、教师各评价主体在5点测评量表上的评定结果，行列分别取均值（几何的），再取总均值（几何的），然后计算出标准分数（T分数），依据标准分数（T分数）将学生品德行为发展状态分为如下三个层级：

优秀：T≥105　　达标：T≥84　　未达标：T＜84

B项评价标准

依据运用投射式测评量表测得结果，计算出T分数，然后依据分数将学生爱国情感发展状态划分为如下三个层级：

优秀：T≥105　　达标：T≥84　　未达标：T＜84

C项评价标准

依据学生在7点测评量表上得分，计算出T分数，然后依据T分数将学生价值发展状态划分为如下三个层级：

优秀：T≥105　　达标：T≥84　　未达标：T＜84

三、评价方法

A项测评方法：用观察法测评。运用《学生品德行为测评量表》施测。

B项测评方法：用投射法测评。运用《学生爱国情感测评量表》施测。

C项测评方法：用自陈问卷法测评。运用《学生价值观测评量表》施测。

7—9年级学生品德行为发展状态测评表

年　班　姓名：

		自己评	同伴评	家长评	教师评	综合
1团结	团结同学、亲友、邻里……	54321	54321	54321	54321	
2助人	帮助同学、亲友、邻里……	54321	54321	54321	54321	
3诚实	说真话，做实事，表里如一	54321	54321	54321	54321	
4守信	对自己、对他人恪守信誉，言必信，行必果	54321	54321	54321	54321	
5文明	说文明话，做文明事，举止文明……	54321	54321	54321	54321	
6礼貌	尊敬教师，尊敬长者、尊敬劳模……	54321	54321	54321	54321	
7关爱	关爱同学，关爱他人，关爱集体	54321	54321	54321	54321	
8孝敬	孝敬父母	54321	54321	54321	54321	
9遵纪	遵守学生行为规范，遵守校规校纪，遵守社会公则	54321	54321	54321	54321	
10守法	严守法律、法规	54321	54321	54321	54321	
11勤奋	认真学习，积极做事，喜爱劳动	54321	54321	54321	54321	
12节俭	珍惜劳动成果，生活俭朴，节约用品	54321	54321	54321	54321	
13公平	公平待人，公平处事					
14正义	正义看人，正义论事，伸张正义					
综合						

说明：

请同学、家长、班主任教师，认真阅读《品德行为发展测评表》和"导语"，在此基础上，以同学品德行为实际表现为依据，按照测评点逐一进行评定，并在测评点右面5个数字中选取一个最适合数字画√，表示评定结果。其中，5表示"一贯全面"做得好，1表示"偶尔有的"能做，4、3、2表示品德行为发展状态处于"一贯全面"做得好与"偶尔有的"能做之间的不同状态——4表好于3，3表好于2。

学生有效评价细则

为全面贯彻党的教育方针，进一步推进素质教育，促进学生全面发展，根据《教育部关于积极推进中小学评价与考试制度改革的通知》文件精神，结合我校德育工作的特色，制定了福佳中学学生评价体系，通过对学生十四维、十个好习惯、六心方面的综合评价，建立学生的成长档案，进而提高德育的实效性，具体内容如下：

一、指导思想

对初中学生进行发展目标评价，是基础教育课程改革的基本要求，是促进学生全面发展的重要举措，也是初中阶段学校德育教育的重中之重。实施初中学生发展评价要以科学发展观为指导，以促进学生全面发展为目标，科学评价学生的发展水平，关注学生的发展趋势，淡化评价的甄别与选拔功能，发挥评价的激励与促进发展功能，通过以外塑、内化、内生、外行为主要特征的德育模式促进学生健康成长。

二、评价原则

导向性原则。评价制度、标准、内容、方法等要适应基础教育课程改革要求，有利于推进素质教育，引导学校和教师全面关注学生发展过程。

科学性原则。坚持形成性评价与总结性评价相结合，定量评价与定性评价相结合，共性评价与个性评价相结合，力求评价结果的真实有效，避免以偏概全。

参与性原则。加强学生、教师和家长之间的对话与交流，增进理解与沟通，努力获取学生全面信息，促进民主、平等、和谐校园文化的建设。

公开、公正、公平原则。建立健全评价工作制度，完善评价工作措施，不断提高评价工作的专业化水平，做到认真细致、实事求是、客观公正。

三、评价内容

1. 十四维品德发展目标——团结、助人、诚实、守信、文明、礼貌、尊师、孝敬、勤奋、节俭、遵纪、守法、公平、正义

2. 十个好习惯目标——听、说、写、坐、立、行、惜时、读书、节俭、健体

3. 六心目标——关爱心、感恩心、荣誉心、合作心、责任心、奉献心

四、评价载体

1. 小组合作板：各小组每周的纪律、卫生、文明、学习的得分情况。

2. 成长记录：学生每天的作业情况，每天的自我评价情况，小组内的互评，教师对个别学生的评语，和家长的沟通，月考情况，期中、期末考试情况和每学期的综合素质评价情况。

3. 教室后成长树：一个树枝代表一个学生，一棵树代表一个组，一片树叶代表一个十四维，一朵花代表一个习惯，一个果实代表六心之一。学生每获得一样，粘贴一个。

4. 期末综合素质评价：结合国家综合素质评价平台和我校的学生综合素质评价工作，对学生每学期的情况进行系统、客观的评价，并将评价的结果以表格的形式呈现给家长、教师和学生。

五、具体评价流程

（一）习惯养成性评价

1. 课评——课堂中充分利用小组合作学习方式，对各小组进行有效激励，调动全体学生的积极性，从课堂回答、课前预习、课后作业等多方面进行评价，教师根据学生表现情况对每个小组进行加分和减分，一般为

±1，特殊情况为±2，将加减分填写在黑板右侧的小组评价板中，并在课下及时反馈。各班级学习委员每节课下课负责将本节课各小组的加减分记录好，放学前填到小组合作板当中的学习栏中，教师和组长监督到位，要及时表扬，及时鼓励学生，也要做好引导和调动，做到公平公正。

2．日评——每日4：40开始，各组小组长进行组内总结评价，将各组的评价汇总，主要包含今日课评内容，班主任考核内容，作业完成情况考核，值日情况考核，班级纪律，卫生、文明、学习加减分内容的对应考核，交到负责人手中，再由负责人将评价结果上墙。

（二）品德养成性评价与习惯养成性评价

1．周评——每周一，班主任教师在黑板的右上角写上本周将要重点考核的十四维、六心、十个好习惯的内容，让全体学生明确本周培养目标，每周五第八节课，由班主任教师组织，根据每周班级制订的十四维、十个好习惯、六心等目标（各选一至两个），采取组内自我评价、小组互评、全班评价等方式，评价出每名学生本周表现情况即目标达成情况，如果确认目标达成，将获得对应目标的一个果实或者树叶，如果目标没有达成，则一无所获。将评价的结果填写到成长记录中每周学生行为测评表当中，班长将全班的评价结果汇总到一起，做成电子表格，一张粘贴到成长树旁边，一张上交到政教处。

2．月评——每月根据四张周行为评价表，将每个学生表现情况体现在教室后成长树上，利用最后一周周五的第八节课，教师将学生所获得的树叶等发到学生手中，让学生按组依次粘贴自己的成长树，对表现较好的小组和个人进行点评。

教师可以根据情况采取措施进行奖励，调动学生学习的积极性，从而培养学生的团队意识和集体主义荣辱感。

3．学期评——每学期，将各班级的《学生品德行为测评表》电子版上交到政教处整理数据，最后得出一张个人测评数据表。利用期末家长会下发至家长手中，让家长、教师和学生了解自己一学期的成长情况。

（三）小组评价样板

（例：原一年五班小组评价得分明细，仅供参考）。

为确保班级和小组合作有序高效运行，提高成绩，制定考核标准如下：

1．值日每天+5，如果学校扣分则–10。

2．校牌、指甲、桌洞出问题每次–5。

3．作业没完成每次–10。

4．小考满分30，依次5分递减。

5．好人好事每次+5。

6．课堂回答问题以科任教师所加分数为准。

7．桌布每天+5。

8．鞋套每天+5。

9．晨读表现好+5，表现不好–10。

10．课间小组表现好，每人次+5；表现不好，每人次–10。

11．学校通报表扬，每人次+30。

12．不文明现象每人次–10。

13．课间操不认真–5。

要求：各班级结合本班级的实际情况制定小组评价明细，也就是制定班规，并将每一个要求附上相应的分数，从而便于实施小组合作学习的管理工作。

十四维品行、十个好习惯评价点

十四维品行：

团结——只要每个人都用真诚去面对这个集体的每一个人，学会谦虚，学会倾听，学会冷静，在必要的时候让步，风雨同舟，同甘共苦，有福同享，有难同当。

考核点：1. 化解同学间矛盾；2. 用行动增强集体凝聚力。

助人——很乐意主动帮助有需要的人，帮助他们解决棘手的问题。

考核点：1. 主动为同学辅导；2. 帮助值日生值日；3. 帮助受伤同学。

诚实——即忠诚老实，就是忠于事物的本来面貌，不隐瞒自己的真实思想，不掩饰自己的真实感情，不说谎，不作假，不为不可告人的目的而欺瞒别人。

考核点：1. 如实回答教师、家长的问题；2. 主动承认错误；3. 与同学交流没有谎言。

守信——保持诚信，信守诺言，言行一致，诚实不欺。

考核点：1. 说到做到；2. 借物必还。

文明——是指一种礼仪，或要遵守的社会秩序、行为规范等。

考核点：1. 不说脏话；2. 不随地吐痰；3. 不乱扔垃圾；4. 不插队；5. 不浪费；6. 不喧哗。

礼貌——礼貌是人们在相互交往中，通过语言、表情、行为、态度表示相互尊重和友好的言行规范。学生应做到举止端庄文雅，言语谦虚恭敬，态度诚恳热情。

考核点：与人交流要常用你好、请、谢谢等。

尊师——"尊师"的词义是尊敬师长，它是中国的传统美德，学生要尊重教师，不单是文明礼貌方面，更要尊重教师的劳动成果，尊重教师的付出。

考核点：1．见到师长要问好；2．不与师长顶撞；3．不背后说师长坏话；4．师长提问要起立、响亮回答。

孝敬——孝顺父母，尊敬亲长，体谅父母的辛苦，尊重父母的劳动成果。

考核点：1．不欺骗父母；2．不与父母吵架、顶嘴；3．不因违反纪律让父母到校。

勤奋——认认真真，努力干好一件事情，不怕吃苦，踏实工作。勤，就是要珍惜时间，勤学习，勤思考，勤探究，勤实践。

考核点：1．学习努力；2．不怕吃苦，努力工作。

节俭——指节约节省不浪费，珍惜劳动成果，生活俭朴，节约用品。

考核点：1．不乱花钱；2．节约用电；3．节约用水；4．节约粮食；5．节约用纸。

遵纪——指遵守相关的纪律要求和法律法规，学生应遵守中学生行为规范，遵守校规校纪，遵守社会公则。

考核点：1．遵守校规，不扣分；2．不违反班规；3．不违背教师提出的要求。

守法——指严守法律、法规，任何事情以法为先。

考核点：1．不偷窃；2．不抢劫；3．不敲诈勒索。

公平——指公正，不偏不倚，公平合理，对一切有关的人公正、平等对待。

考核点：1．不偏袒、包庇个别同学；2．公平分配。

正义——正义看人，正义论事，伸张正义，向社会不良风气说不。

考核点：1．有正义感，发现问题能及时指出；2．热爱学校、热爱社会，敢于同不良风气对抗。

福佳中学学生十个好习惯养成指标体系

福佳中学学生成长记录

时间：_____年_____月_____日—_____日

本周重点培养目标	十四维品德		十个好习惯		六心		其他	
目标达成情况评价	自评	达成□ 未达成□	自评	达成□ 未达成□	自评	达成□ 未达成□	自评	达成□ 未达成□
	组内评价	达成□ 未达成□	组内评价	达成□ 未达成□	组内评价	达成□ 未达成□	组内评价	达成□ 未达成□
	全班评价	达成□ 未达成□	全班评价	达成□ 未达成□	全班评价	达成□ 未达成□	全班评价	达成□ 未达成□
	最终评价	达成□ 未达成□	最终评价	达成□ 未达成□	最终评价	达成□ 未达成□	最终评价	达成□ 未达成□
个人收获、体会								
小组评价								
家长寄语								

_____年一_____年第____学期学生品德行为评价量表

分项	内容	得分情况											最终评价
十四维品德	团结												
	助人												
	诚实												
	守信												
	文明												
	礼貌												
	尊师												
	孝敬												
	勤奋												
	节俭												
	遵纪												
	守法												
	公平												
	正义												
十个好习惯	端正坐												
	认真听												
	规范写												
	自信说												
	立												
	行												
	惜时												
	读书												
	节俭												
	健体												
六心	感恩												
	关爱												
	奉献												
	责任												
	荣誉												
	合作												

评价课流程

一、评价课课前准备

各班级可就现有座位不变进行，或将班级桌椅靠近，两竖排合并，或者以小组为单位对脸坐，便于组评。两竖排之间留道，便于组长到前面发言和粘贴成长树。

大屏幕统一标题：在评价中成长，在反思中进步，背景可以是班级合照等。

主持人：班长——自信、大方（要引领小组长）。

二、评价流程

流程：此流程为基本样式，可以创新，可以灵活调整环节，但关键点和重点环节要把握好。

1. 唱班歌——可以放音乐。

2. 班长宣布评价课开始。

3. 公布本周学科进步和优秀小组，综合荣誉：班级进步和优秀小组。

4. 班主任给获得综合荣誉的组员戴花或握手或拥抱，以示隆重（组内自己定，需要红花，学校负责进）。

5. 获得荣誉的小组接受大家的祝贺。

6. 每个小组长依次发言：总结本周组员的表现。

7. 发言声音洪亮，语速、语气要适当，以表扬和鼓励为主，对有问题的学生多用"希望"词。

8. 以六心培养为评价出发点，语言体现团结互助，为小组荣誉而战。

在此过程中班主任选择性强调，使评价效果更突出。

9. 结合组长评价，在成长记录上进行自评。

10. 组长带领进行组评，要求组评公平公正，周全细致，避免复议出现大问题——出现学生报复的不健康心理。

11. 就本周内培养的项目，逐个起立，进行复议，对存在问题的学生要给出证据。

提前强调：非打击报复的心态，真正为进步，有正义感，有是非观念，明白什么是真正的朋友——良药苦口，忠言逆耳——不是一日之功，要不断灌输。

关注被复议人的态度，班主任教师要及时给学生台阶下，从内心让学生知道自己问题所在。防止意外：僵持不下的状况——需班主任教师的机智用语和妥善解决。

12. 选进步个人，每组候选人起立，全班举手表决（被表决人最好回避）。

13. 粘贴成长树（重点环节）。

三个人站在讲台分别发叶、花、果。省时：第一组获得的人上前面领然后粘贴（储物柜前放两把椅子），发一组时，其他人在写成长记录的反思，组内分享反思（此时应有背景音乐伴奏方能达到效果）。分享成长记录的反思——可以组内互讲，可以全班讲。

班主任总结点评：表扬与鼓励，确定下周的培养项目，更换班级、各小组照片，可以在放学前完成。

福佳中学学生习惯养成三字经

团结

和为贵，谐似宝。家和谐，最重要。讲民主，戒霸道。

团结紧，才有力。心相印，手相牵。志不移，心不变。

助人

帮助人，品格高。乐奉献，不求报。遇有难，伸援手。

有人求，求必应。助他人，乐自己。常助人，是正道。

诚实

人相交，贵在诚。不欺骗，不做假。不掩饰，不撒谎。

办实事，说真话。讲信用，守承诺。精诚至，金石开。

守信

与人处，讲信用。与人交，贵诚谦。待人宽，律己严。

心坦荡，怀若谷。重情义，轻功利。不失信，诺千金。

文明

我中华，礼仪邦。讲文明，国运昌。龙传人，最文明。

论人际，应知礼。与人交，要和气。举止庄，品行美。

礼貌

讲文明，忌野蛮。讲礼貌，忌傲慢。讲道德，忌空谈。

讲秩序，忌散漫。让客人，沐春风。让校园，尽朝阳。

关爱

初中生，友谊深。教师情，记感恩。长辈病，细照料。

同学难，勤关心。帮贫困，富同情。助病残，有耐心。

孝敬

圣贤立，千载传。倡文明，意深远。家美德，孝当先。

尽孝意，大如天。父母恩，说不完。孝之道，百行源。

孝文化，多内涵。今公民，有规范。亲之恩，重如山。

遵纪

纪无犯，法有威。我长城，坚如铁。严律己，他律严。

警钟鸣，党纯洁。行政令，要依法。当公民，要守法。

守法

知荣辱，习礼仪。不知礼，无以立。遵公德，守纪律。

兼相爱，交相利。仰高洁，弃粗鄙。见人贤，即思齐。

勤奋

初中生，学习紧，乐于学，和做好，理线索，多动脑。

专心听，要记牢，做笔记，广开卷，求成功，质量高。

节俭

成由俭，败由奢。俭则约，约则兴。侈则肆，肆则纵。

勤补拙，俭养性。勤生金，奢变土。勤节俭，不能忘。

公平

一把秤，放心间，两端平，是公平，不亲己，不远人。

对待人，不能偏，不论人，公平对，平待人，好人际。

正义

正义感，人须有，正义事，人须做，正义在，国能旺。

教师爱，正义感，皆须有，有正义，社会和，家庭睦。

福佳中学学生一日常规

乘车

文明乘车，礼让安静。

下车有序，行路遵规。

自习

肃静认真，学习独立。

积累疑难，咨询师友。

进校

按时到校，着装校服。

发型端庄，仪表得体。

临时离校

临时离校，报班主任。

政教签字，家长知晓。

升旗

仪表整洁，站姿端正。

注视国旗，行注目礼。

放学

快速整理，防止遗漏。

路队整齐，上车有序。

值日

干净利索，态度认真。

分工明确，不留死角。

作业

记清记全，科学计划。

认真独立，字迹工整。

课前

物品摆放，工整齐全。

铃响坐好，静中思索。

文明礼貌

见到教师，礼貌问候。

同学之间，团结友善。

课上

面对客人，以礼相待。

坐姿端正，书写规范。

接人待物，大方得体。

听讲认真，自信发言。

公共场所，心系文明。

公共课

远离网吧，崇尚道德。

带齐备品，听从安排。

认真对待，学有所得。

其他方面

课间

爱护校产，视校如家。

楼内肃静，右侧通行。

节约用电，随时关灯。

文明如厕，杜绝疯闹。

洗手间内，节约用水。

自觉自制，注意卫生。

见到杂物，随手捡起。

两操

眼操：及时认真，动作到位。

间操：主动积极，快齐静准。

就餐

文明礼让，有序安静。

珍惜粮食，保持干净。